स्कंदगुप्त
और
चित्राधार

स्कंदगुप्त
और
चित्राधार

जयशंकर प्रसाद

ISBN: 978-93-90112-48-7

Published: -

LECTOR HOUSE LLP
E-MAIL: lectorpublishing@gmail.com

स्कंदगुप्त
और
चित्राधार

जयशंकर प्रसाद

अनुक्रम

स्कंदगुप्त

पुरुष-पात्र

स्कंदगुप्त--	युवराज (विक्रमादित्य)
कुमारगुप्त--	मगध का सम्राट
गोविन्दगुप्त--	कुमारगुप्त का भाई
पर्णदत्त--	मगध का महानायक
चक्रपालित--	पर्णदत्त का पुत्र
बन्धुवर्मा--	मालव का राजा
भीमवर्मा--	उसका भाई
मातृगुप्त--	काव्यकर्ता (कालिदास)
प्रपंचबुद्धि--	बौद्ध कापालिक
शर्वनाग--	अन्तर्वेद का विषयपति
कुमारदास (धातुसेन)--	सिंहल का राजकुमार
पुरगुप्त--	कुमारगुप्त का छोटा पुत्र
भटार्क--	नवीन महाबलाधिकृत
पृथ्वीसेन--	मंत्री कुमारामात्य
खिंगिल--	हूण आक्रमणकारी
मुगल--	विदूषक
प्रख्यातकीर्ति--	लंकाराज-कुल का श्रमण, महा-बोधिबिहार-स्थविर

महाप्रतिहार, महादंडनायक, नन्दी-ग्राम का दंडनायक, प्रहरी, सैनिक इत्यादि

स्त्री-पात्र

देवकी--	कुमारगुप्त की बड़ी रानी,--स्कंद की माता
अनन्तदेवी--	कुमारगुप्त की छोटी रानी,--पुरगुप्त की माता
जयमाला--	बंधुवर्मा की स्त्री,--मालव की रानी
देवसेना--	बंधुवर्मा की बहिन
विजया--	मालव के धनकुबेर की कन्या
कमला--	भटार्क की जननी
रामा--	शर्वनाग की स्त्री
मालिनी--	मातृगुप्त की प्रणयिनी
सखी, दासी इत्यादि

प्रथम अंक

स्कंदगुप्त---(टहलते हुए) अधिकार-सुख कितना मादक और सारहीन है! अपने को नियामक और कर्ता समझने को बलवती स्पृहा उससे बेगार कराती है! उत्सव में परिचारक और अस्त्रों में ढाल से भी अधिकार-लोलुप मनुष्य क्या अच्छे हैं? (ठहरकर) उँह! जो कुछ हो, हम तो साम्राज्य के एक सैनिक हैं।

पर्णदत्त---(प्रवेश कर के) युवराज की जय हो!

स्कंदगुप्त---आर्य पर्णदत्त को अभिवादन करता हूँ। सेनापति की क्या आज्ञा है?

पर्णदत्त---मेरी आज्ञा! युवराज! आप सम्राट के प्रतिनिधि हैं; मैं तो आज्ञाकारी सेवक हूँ। इस वृद्ध ने गरुड़ध्वज लेकर आर्य चन्द्रगुप्त की सेना का संचालन किया है। अब भी गुप्त-साम्राज्य की नासोर-सेना में उसी गरुड़ध्वज की छाया में पवित्र क्षात्रधर्म का पालन करते हुए उसीके मान के लिये मर मिटूँ--यही कामना है। गुप्तकुलभूषण! आशीर्वाद दीजिये, वृद्ध पर्णदत्त की माता का स्तन्य लज्जित न हो।

स्कंदगुप्त---आर्य! आपकी वीरता की लेखमाला शिप्रा और सिन्धु की लोल लहरियों से लिखी जाती है, शत्रु भी उस वीरता की सराहना करते हुए सुने जाते है। तब भी सन्देह!

पर्णदत्त---संदेह दो बातों से है युवराज! स्कंदगुप्त---वे कौन-सी हैं?

पर्णदत्त---अपने अधिकारों के प्रति आपकी उदासीनता और अयोध्या में नित्य नये परिवर्तन।

स्कंदगुप्त---क्या अयोध्या का कोई नया समाचार हैं?

पर्णदत्त---संभवतः सम्राट तो कुसुमपुर चले गये हैं, और कुमारामात्य महाबलाधिकृत वीरसेन ने स्वर्ग की ओर प्रस्थान किया।

स्कंदगुप्त---क्या! महाबलाधिकृत अब नहीं हैं? शोक!

पर्णदत्त---अनेक समरों के विजेता, महामानी, गुप्त-साम्राज्य के महाबलाधिकृत अब इस लोक में नहीं हैं! इधर प्रौढ़ सम्राट के विलास की मात्रा बढ़ गई है!

स्कंदगुप्त---चिंता क्या! आर्य! अभी तो आप हैं, तब भी मैं ही सब विचारों का भार वहन करूँ, अधिकार का उपयोग करूँ! वह भी किस लिये?

पर्णदत्त---किस लिये? त्रस्त प्रजा की रक्षा के लिये, सतीत्व के सम्मान के लिये, देवता, ब्राह्मण और गौ की मर्य्यादा में विश्वास के लिये, आतंक से प्रकृति को आश्वासन देने के लिये आपको अपने अधिकारों का उपयोग करना होगा। युवराज! इसीलिये मैने कहा था कि आप अपने अधिकारों के प्रति उदासीन हैं जिसकी मुझे बड़ी चिन्ता है। गुप्त-साम्राज्य के भावी शासक को अपने उत्तरदायित्व का ध्यान नहीं!

स्कंदगुप्त---सेनापते! प्रकृतिस्थ होइये! परम भट्टारक महाराजाधिराज अश्वमेध-पराक्रम

श्रीकुमारगुप्त महेन्द्रादित्य के सुशासित राज्य की सुपालित प्रजा को डरने का कारण नहीं है। गुप्तसेना की मर्य्यादा की रक्षा के लिये पर्णदत्त-सदृश महावीर अभी प्रस्तुत हैं।

पर्णदत्त--राष्ट्र नीति, दार्शनिकता और कल्पना का लोक नहीं है। इस कठोर प्रत्यक्षवाद की समस्या बड़ी कठिन होती है। गुप्त-साम्राज्य की उत्तरोत्तर वृद्धि के साथ उसका दायित्व भी बढ़ गया है; पर उस बोझ को उठाने के लिये गुप्तकुल के शासक प्रस्तुत नहीं, क्योंकि साम्राज्य-लक्ष्मी को वे अब अनायास और अवश्य अपनी शरण आनेवाली वस्तु समझने लगे हैं।

स्कंदगुप्त--आर्य! इतना व्यङ्ग न कीजिये, इसके कुछ प्रमाण भी है?

पर्णदत्त--प्रमाण! प्रमाण अभी खोजना है? आँधी आने के पहले आकाश जिस तरह स्तम्भित हो रहता है, बिजली गिरने से पूर्व जिस प्रकार नील कादम्बिनी का मनोहर आचरण महाशून्य पर चढ़ जाता है, क्या वैसी ही दशा गुप्त-साम्राज्य की नहीं है?

स्कंदगुप्त--क्या पुष्यमित्रों के युद्ध को देखकर वृद्ध सेनापति चकित हो रहे है? (हँसता है)

पर्णदत्त--युवराज? व्यंग न कीजिये। केवल पुष्यमित्रों के युद्ध से ही इतिश्री न समझिये, म्लेच्छों के भयानक आक्रमण के लिये भी प्रस्तुत रहना चाहिये। चरों ने आज ही कहा है कि कपिशा को श्वेत हूणों ने पदाक्रान्त कर लिया! तिसपर भी युवराज पूछते हैं कि "अधिकारों का उपयोग किस लिये"! यही "किस लिये" प्रत्यक्ष प्रमाण है कि गुप्तकुल के शासक इस साम्राज्य को "गले-पड़ी" वस्तु समझने लगे हैं!

(चक्रपालित का प्रवेश)

चक्रपालित--(देखकर) अरे, युवराज भी यहीं हैं! युवराज की जय हो।

स्कंदगुप्त--आओ चक्र! आर्य्य पर्णदत्त ने मुझे घबरा दिया है।

चक्र॰—पिताजी! प्रणाम। कैसी बात है?

पर्ण॰—कल्याण हो, आयुष्मन्! तुम्हारे युवराज अपने अधिकारो से उदासीन हैं। वे पूछते हैं "अधिकार किस लिये।"

चक्र॰—तात! इस 'किस लिये" का अर्थ मैं समझता हूँ।

पर्ण॰--क्या?

चक॰—गुप्तकुल का अव्यवस्थित उत्तराधिकार-नियम!

स्कन्दगुप्त--चक्र, सावधान! तुम्हारे इस अनुमान का कुछ आधार भी है?

चक्र॰—युवराज! यह अनुमान नहीं है, यह प्रत्यक्ष-सिद्ध है।

पर्ण॰--(गंभीरता से) चक्र! यदि यह बात हो भी, तब भी तुमको ध्यान रखना चाहिये कि हम लोग साम्राज्य के सेवक है। असावधान बालक! अपनी चंचलता को विष-वृक्ष का बीज न बना देना।

स्कन्दगुप्त—आर्य्य पर्णदत्त! क्षमा कीजिये। हृदय की बातों को राजनीतिक भाषा में व्यक्त करना चक्र नहीं जानता।

पर्ण॰--ठीक है, किन्तु उसे इतनी शीघ्रता नहीं करनी चाहिये। (देखकर) चर आ रहा है, कोई युद्ध का नया समाचार है क्या?

(चर का प्रवेश)
'युवराज की जय हो!'

पर्ण॰--क्या समाचार है?

चर--अब की बार पुष्पमित्रों का अंतिम प्रयत्न है। वे अपनी समस्त शक्ति संकलित करके बढ़ रहे है! नासीर-सेना के नायक ने सहायता मांगी है। दशपुर से भी दूत आया है।

स्कंद०--अच्छा, जाओ, उसे भेज दो।

(चर जाता है, दशपुर के दूत का प्रवेश)

'युवराज भट्टारक की जय हो!'

स्कंद॰--मालवपति सकुशल है?

दूत--कुशल आपके हाथ है। महाराज विश्ववर्मा का शरीरांत हो गया है! नवीन नरेश महाराज बंधुवर्मा ने साभिवादन श्रीचरणो में संदेश भेजा है।

स्कंद०--खेद! ऐसे समय से, जब कि हम लोगो को मालवपति से सहायता की आशा थी, वह स्वयं कौटुम्बिक आपत्तियो में फँस गये है!

दूत--इतना ही नहीं, शक-राष्ट्रमंडल चंचल हो रहा है, नवागत म्लेच्छवाहिनी से सौराष्ट्र भी पदाक्रांत हो चुका है, इसी कारण पश्चिमी मालव भी अब सुरक्षित न रहा।

(स्कंदगुप्त पूर्णदत्त की ओर देखते है)

पर्ण॰--वलभी का क्या समाचार है?

दूत--वलभी का पतन अभी रुका है। किन्तु बर्बर हूणों से उसका बचना कठिन है। मालव की रक्षा के लिये महाराज बन्धु-वर्मा ने सहायता माँगी है। दशपुर की समस्त सेना सीमा पर जा चुकी है।

स्कंद॰--मालव और शक युद्ध में जो संधि गुप्त-साम्राज्य और मालव-राष्ट्र में हुई है, उसके अनुसार मालव की रक्षा गुप्त-सेना का कर्त्तव्य है। महाराज विश्ववर्मा के समय से ही सम्राट कुमारगुप्त उनके संरक्षक है। परन्तु दूत! बड़ी कठिन समस्या है।

दूत--विषम व्यवस्था होने पर भी युवराज! साम्राज्य ने संरक्षकता का भार लिया है।

पर्ण॰--दूत! क्या तुम्हे विदित नहीं है कि पुष्यमित्रों से हमारा युद्ध चल रहा है?

दूत--तब भी मालव ने कुछ समझकर, किसी आशा पर ही, अपनी स्वतंत्रता को सीमित कर लिया था।

स्कंद॰--दूत! केवल सन्धि-नियम ही से हम लोग बाध्य नही हैं; किंतु शरणागत-रक्षा भी क्षत्रिय का धर्म्म है। तुम विश्राम करो। सेनापति पर्णदत्त समस्त सेना लेकर पुष्यमित्रों की गति रोकेंगे। अकेला स्कंदगुप्त मालव की रक्षा करने के लिये सन्नद्ध है। जाओ, निर्भय निद्रा का सुख लो। स्कंदगुप्त के जीते-जी मालव का कुछ न बिगड़ सकेगा।

दूत--धन्य युवराज! आर्य्य-साम्राज्य के भावी शासक के उपयुक्त ही यह बात है। (प्रणाम करके जाता है)

पर्ण॰--युवराज! आज यह वृद्ध, हृदय से प्रसन्न हुआ। और गुप्त-साम्राज्य की लक्ष्मी भी प्रसन्न होगी।

चक्र॰--तात! पुष्यमित्र-युद्ध का अन्त तो समीप है। विजय निश्चित है। किसी दूसरे सैनिक को भेजिये। मुझे युवराज के साथ जाने की अनुमति हो।

स्कंद॰--नहीं चक्र, तुम विजयी होकर मुझसे मालव में मिलो। ध्यान रखना होगा कि राजधानी से अभी कोई सहायता नहीं मिलती। हम लोगों को इस आसन्न विपद में अपना ही भरोसा है।

पर्ण॰--कुछ चिंता नहीं युवराज! भगवान सब मंगल करेंगे। चलिये, विश्राम करें।

[कुसुमपुर के राज-मंदिर में सम्राट कुमारगुप्त और उनके पारिषद्]

धातुसेन--परम भट्टारक! आपने भी स्वयं इतने विकट युद्ध किये है! मैंने तो समझा था, राजसिंहासन पर बैठे-बैठे राजदंड हिला देने से ही इतना बड़ा गुप्त-साम्राज्य स्थापित हो गया था; परंतु-

कुमारगुप्त--(हँसते हुए) तुम्हारी लंका में अब राक्षस नहीं रहते? क्यों धातुसेन!

धातुसेन--राक्षस यदि कोई था तो विभीषण, और बन्दरों में भी एक सुग्रीव हो गया था। दक्षिणापथ आज भी उनकी करनी का फल भोग रहा है। परंतु हाँ, एक आश्चर्य की बात है कि महामान्य परमेश्वर परम भट्टारक को भी युद्ध करना पड़ा! रामचंद्र ने तो, सुना था, जब वे युवराज भी न थे तभी, युद्ध किया था। सम्राट होने पर भी युद्ध!

कुमार°--युद्ध तो करना ही पड़ता है। अपनी सत्ता बना रखने के लिये यह आवश्यक है।

धातु°--अच्छा तो स्वर्गीय आर्य्य समुद्रगुप्त ने देवपुत्रों तक का राज्य-विजय किया था, सो उनके लिये परम आवश्यक था? क्या पाटलीपुत्र के समीप ही वह राष्ट्र था?

कुमार°--तुम भी बालि की सेना में से कोई बचे हुए हो!

धातु°--परम भट्टारक की जय हो! बालि की सेना न थी, और वह युद्ध न था। जब उसमें लड् खानेवाले सुग्रीव निकल पड़े, तब फिर-

कुमार°--क्यों?

धातु°--उनकी बड़ी सुन्दर ग्रीवा में लड् अत्यंत सुशोभित होता था, और सबसे बड़ी बात तो थी बालि के लिये--उनकी तारा का मंत्रित्व। सुना है सम्राट! स्त्री की मंत्रणा बड़ी अनुकूल और उपयोगी होती है, इसीलिये उन्हें राज्य की झंझटो से शीघ्र छुट्टी मिल गई। परम भट्टारक की दुहाई! एक स्त्री को मंत्री आप भी बना लें, बड़े-बड़े दाढ़ी मूँछवाले मंत्रियों के बदले उसकी एकांत मंत्रणा कल्याणकारिणी होगी।

कुमार°--(हँसते हुए) लेकिन पृथ्वीसेन तो मानते ही नहीं।

धातु°--तब मेरी सम्मति से वे ही कुछ दिनों के लिये स्त्री हो जायँ; क्यों कुमारामात्यजी?

पृथ्वीसेन--पर तुम तो स्त्री नहीं हो जो मैं तुम्हारी सम्मति मान लूँ?

कुमार--(हँसता हुआ) हाँ, तो आर्य्य समुद्रगुप्त को विवश होकर उन विद्रोही विदेशियों का दमन करना पड़ा, क्योंकि मौर्य्य साम्राज्य के समय से ही सिंधु के उस पार का देश भी भारत-साम्राज्य के अन्तर्गत था। जगद्विजेता सिकन्दर के सेनापति सिल्यूकस से उस प्रान्त को मौर्य्य सम्राट चंद्रगुप्त ने लिया था।

धातु°--फिर तो लड़कर ले लेने की एक परम्परा-सी लग जाती है। उनसे उन्होंने, उन्होंने उनसे, ऐसे ही लेते चले आये हैं। उसी प्रकार आर्य्य!......

कुमार°--उँह! तुम समझते नही। मनु ने इसकी व्यवस्था दी है।

धातु°--नहीं धर्म्मावतार! समझ में तो इतनी बात आ गई कि लड़कर ले लेना ही एक प्रधान स्वत्व है। संसार में इसीका बोलबाला है।

भटार्क--नहीं तो क्या रोने से, भीख माँगने से कुछ अधिकार मिलता है? जिसके हाथों में बल नहीं, उसका अधिकार ही कैसा है और यदि माँगकर मिल भी जाय, तो शान्ति की रक्षा कौन करेगा?

मुद्गल--(प्रवेश करके) रक्षा पेट कर लेगा, कोई दे भी तो। अक्षय तूणीर, अक्षय कवच सब लोगों ने सुना होगा; परन्तु इस अक्षय मंजूषा का हाल मेरे सिवा कोई नहीं जानता! इसके भीतर कुछ रखकर

देखो, मैं कैसी शान्ति से बैठा रहता हूँ!

(पद्मासन से बैठ जाता है)

पृथ्वीसेन--परम भट्टारक की जय हो! मुझे कुछ निवेदन करना है–यदि आज्ञा हो तो।

कुमार°--हाँ, हाँ, कहिये।

पृथ्वीसेन--शिप्रा के इस पार साम्राज्य का स्कंधावार स्थापित है। मालवेश का दूत भी आ गया है कि "हम ससैन्य युवराज के सहायतार्थ प्रस्तुत है।" महानायक पर्णदत्त ने भी अनुकूल समाचार भेजा है।

कुमार°—-मालव का इस अभियान से कैसा भाव है, कुछ पता चला? क्योंकि यह युद्ध तो जान-बूझकर छेड़ा गया है।

पृथ्वी°--अपने मुख से मालवेश ने दूत से यहाँ तक कहा था कि युवरज को कष्ट देने की क्या आवश्यकता थी, आज्ञा पाने ही से मैं स्वयं इसे ठीक कर लेता।

कुमार°--महासान्धि-विग्रहिक! साधु! यह वंश-परंपरागत तुम्हारी ही विद्या है।

पृथ्वीसेन--सम्राट के श्रीचरणों का प्रताप है। सौराष्ट्र से भी नवीन समाचार मिलनेवाला है। इसीलिये युवराज को वहाँ भेजने का मेरा अनुरोध था।

भटार्क--सौराष्ट्र की गति-विधि देखने के लिये एक रणदक्ष सेनापति की आवश्यकता है। वहाँ शक-राष्ट्र बड़ा चञ्चल अथच भयानक है।

पृथ्वीसेन--(गूढ़ दृष्टि से देखते हुए) महाबलाधिकृत‌! आवश्यकता होने पर आपको वहाँ जाना ही होगा, उत्कंठा की आवश्यकता नहीं।

भटार्क--नहीं, मै तो.. ... ..

कुमार°--महाबलाधिकृत! तुम्हारी स्मरणीय सेवा स्वीकृत होगी। अभी आवश्यकता नहीं।

धातुसेन--(हाथ जोड़कर) यदि दक्षिणापथ पर आक्रमण का आयोजन हो तो मुझे आज्ञा मिले। मेरा घर पास है, मैं जा कर स्वच्छंदता-पूर्वक लेट रहूँगा, सेना को भी कष्ट न होने पावेगा।

(सब हँसते है)

मुद्गल--जय हो देव। पाकशाला पर चढ़ाई करनी हो तो मुझे आज्ञा मिले। मैं अभी उसका सर्वस्वांत कर डालूँ।

(फिर सब हँसते हैं। गंभीर भाव से अभिवादन करते हुए--एक ओर पृथ्वीसेन और दूसरी ओर भटार्क का प्रस्थान।)

कुमार°--मुद्गल! तुम्हारा कुछ... .. ..

मुद्गल--महादेवी ने प्रार्थना की है कि युवराज भट्टारक को कल्याण-कामना के लिये चक्रपाणि भगवान की पूजा की सब सामग्री प्रस्तुत है। आर्य्यपुत्र कब चलेंगे?

कुमार०—(मुँह बनाकर) आज तो कुछ पारसीक नर्त्तकियाँ आनेवाली है आपानक भी है ! महादेवी से कह देना, असंतुष्ट न हो, कल चलूँगा ! समझा न मुद्गल ?

मुगल--(खड़ा होकर) परमेश्वर परम भट्टारक की जय हो !

(जाता है)

धातुसेन—वह चाणक्य कुछ भाँग पीता था। उसने लिखा है. कि राजपुत्र भेड़िये है, इनके पिता

को सदैव सावधान रहना चाहिये।

कुमार०--यह राष्ट्र-नीति है।

(अनन्तदेवी को चुपचाप प्रवेश)

धातु०--भूल गया। उसके बदले उस ब्राह्मण को लिखना था कि राजा लोग व्याह ही न करे, क्यों भेड़ियो-सी संतान उत्पन्न हो ?

अनन्तदेवी--(सामने आकर) आर्यपुत्र की जय हो !

(धातुसेन भयभीत होने का-सा मुंह बनाकर चुप हो जाता है)।

कुसार०—आओ प्रिये ! तुम्हें खोज ही रहा था।

अनन्त--नर्त्तकियों को बुलवाती आ रही हूँ। कुमारामात्य आदि थे, मन्त्रणा में बाधा समझकर, जान-बूझकर देर लगाई। आपको तो देखती हूँ कि अवकाश ही नहीं।

(धातुसेन की और क्रुद्ध होकर देखती है)

कुमार०—वह अबोध विदेशी हँसोड़ है।

अनंत०--तब भी सीमा होनी चाहिये।

धातु°--चाणक्य का नाम ही कौटिल्य है। उनके सूत्रों की व्याख्या करने जाकर ही यह फल मिला। क्षमा मिले तो एक बात और पूछ लूँ क्योंकि फिर इस विषय का प्रश्न न करूँगा।

अनंत°--पूछ लो।

धातु°--उसके अनर्थशास्त्र में विषकन्या का... ..

कुमार°--(डाँटकर) चुप रहो।

(नर्त्तकियों का गाते हुए प्रवेश)

न छेड़ना उस अतीत स्मृति से
खिंचे हुए बीन-तार कोकिल
करुण रागिनी तड़प उठेगी
सुना न ऐसी पुकार कोकिल

हृदय धूल में मिला दिया है
उसे चरण-चिन्ह-सा किया है
खिले फूल सब गिरा दिया है
न अब बसंती बहार कोकिल

सुनी बहुत आनंद-भैरवी
विगत हो चुकी निशा-माधवी
रही न अब शारदी कैरवी
न तो मघा की फुहार कोकिल

न खोज पागल मधुर प्रेम को
न तोड़ना और के नेम को
बचा विरह मौन के क्षेम को
कुचाल अपनी सुधार कोकिल

[पट-परिवर्तन]

[पथ में मातृगुप्त]

मातृ॰--कविता करना अनन्त पुण्य का फल है। इस दुराशा और अनन्त उत्कंठा से कवि-जीवन व्यतीत करने की इच्छा हुई। संसार के समस्त अभावों को असंतोष कहकर हृदय को धोखा देता रहा। परन्तु कैसी विडम्बना! लक्ष्मी के लालों को भ्रूभंग और क्षोभ की ज्वाला के अतिरिक्त मिला क्या?-- एक काल्पनिक प्रशंसनीय जीवन, जो कि दूसरों की दया में अपना अस्तित्व रखता है! संचित हृदय- कोष के अमूल्य रत्नों की उदारता और दारिद्र्य का व्यंग्यात्मक कठोर अट्टहास, दोनों की विषमता की कौन-सी व्यवस्था होगी। मनोरथ को--भारत के प्रकांड बौद्ध पंडित को--परास्त करने में मैं भी सबकी प्रशंसा का भाजन बना। परंतु हुआ क्या ?

(मुद्गल का प्रवेश)

मुद्गल--कहिये कविजी! आप तो बहुत दिन पर दिखाई पड़े! कुलपति की कृपा से कहीं अध्यापन- कार्य मिल गया क्या?

मातृ॰--मैं तो अभी यों ही बैठा हूँ।

मुद्गल--क्या बैठे-बैठे काम चल जाता है? तब तो भाई, तुम बड़े भाग्यवान हो। कविता करते हो न? भाई! उसे छोड़ दो।

मातृ॰--क्यों? वही तो मेरे भूखे हृदय का आहार है! कवित्व--वर्णमय चित्र है, जो स्वर्गीय भाव- पूर्ण संगीत गाया करता है। अंधकार का आलोक से, असत् का सत् से, जड़ का चेतन से, और बाह्य जगत् का अन्तर्जगत् से सम्बन्ध कौन कराती है? कविता ही न!

मुद्गल--परन्तु हाथ का मुख से, पेट का अन्न से, और आँखों का निद्रा से भी सम्बन्ध होता है कि नहीं? इसको भी कभी सोचा-विचारा है?

मातृगुप्त--संसार में क्या इतनी ही वस्तुएँ विचारने की है? पशु भी इनकी चिन्ता कर लेते होंगे।

मुद्गल--और मनुष्य पशु नहीं है; क्योंकि उसे बातें बनाना आता है--अपनी मूर्खता को छिपाना, पापों पर बुद्धिमानी का आवरण चढ़ाना आता है! और वाग्जाल की फाँस उसके पास है। अपनी घोर आवश्यकताओं में कृत्रिमता बढ़ाकर, सभ्य और पशु से कुछ ऊँचा द्विपद् मनुष्य, पशु बनने से बच जाता है।

मातृगुप्त--होगा, तुम्हारा तात्पर्य क्या है?

मुद्गल--विचार-पूर्ण स्वप्न-मय जीवन छोड़कर वास्तविक स्थिति में आओ। ब्राह्मण-कुमार हो, इसीलिये दया आती है।

मातृगुप्त--क्या करूँ?

मुद्गल--मैं दो-चार दिन में अवंती जानेवाला हूँ; युवराज भट्टारक के पास तुम्हें रखवा दूँगा। अच्छी वृत्ति मिलने लग जायगी। है स्वीकार?

मातृगुप्त--पर तुम्हे मेरे ऊपर इतनी दया क्यों?

मुद्गल--तुम्हारी बुद्धिमत्ता देखकर मैं प्रसन्न हुआ हूँ। उसी दिन से मैं खोजता था। तुम जानते हो कि राजकृपा का अधिकारी होने के लिये समय की आवश्यकता है। बड़े लोगों की एक दृढ़ धारणा होती है कि, "अभी टकराने दो, ऐसे बहुत आया-जाया करते हैं।"

मातृगुप्त--तब तो बड़ी कृपा है। मैं अवश्य चलूँगा। काश्मीरमंडल में हूणों का आतंक है, शास्त्र और संस्कृत-विद्या का कोई पूछनेवाला नहीं। म्लेच्छाक्रान्त देश छोड़कर राजधानी में चला आया था। अब आप ही मेरे पथ-प्रदर्शक हैं।

मुद्गल--अच्छा तो मैं जाता हूँ, शीघ्र ही मिलूंगा। तुम चलने के लिये प्रस्तुत रहना।

(जाता है)

मातृगुप्त--काश्मीर! जन्मभूमि!! जिसकी धूलि में लोट कर खड़े होना सीखा, जिसमे खेल-खेलकर शिक्षा प्राप्त की, जिसमें जीवन के परमाणु संगठित हुए थे, वही छूट गया! और बिखर गया एक मनोहर स्वप्न, आह! वही जो मेरे इस जीवन-पथ का पाथेय रहा!

प्रिय!

संसृति के वे सुंदरतम क्षण यों ही भूल नहीं जाना 'वह उच्छृङ्खलता थी अपनी'--कहकर मन मत बहलाना मादकता-सी तरल हँसी के प्याले में उठती लहरी मेरे निश्वासों से उठकर अधर चूमने को ठहरी मैं व्याकुल परिरंभ-मुकुल में बन्दी अलि-सा काँप रहा छलक उठा प्याला, लहरी में मेरे सुख को माप रहा सजग सुप्त सौंदर्य हुआ, हो चपल चलीं भौहें मिलने लीन हो गई लहरें, लगे मेरे ही नख छाती छिलने श्यामा का नखदान मनोहर मुक्ताओं से ग्रथित रहा जीवन के उस पार उड़ाता हँसी, खड़ा मैं चकित रहा तुम अपनी निष्ठुर क्रीड़ा के विभ्रम से, बहकाने से सुखी हुए, फिर लगे देखने मुझे पथिक पहचाने-से उस सुख का आलिङ्गन करने कभी भूलकर आ जाना मिलन-क्षितिज-तट मधु-जलनिधि में मृदु हिलकोर उठा जाना

कुमारदास--(प्रवेश करके) साधु!

मातृगुप्त--(अपनी भावना में तल्लीन जैसे किसीको न देख रहा हो) अमृत के सरोवर में स्वर्ण-कमल खिल रहा था, भ्रमर वंशी बजा रहा था, सौरभ और पराग की चहल-पहल थी। सवेरे सूर्य की किरणें उसे चूमने को लोटती थी, संध्या में शीतल चाँदनी उसे अपनी चादर से ढंक देती थी। उस मधुर सौन्दर्य, उस अतीन्द्रिय जगत् की साकार कल्पना की ओर मैंने हाथ बढ़ाया था, वहीं--वहीं स्वप्न टूट गया!

कुमारदास--समझ में न आया, सिंहल में और काश्मीर में क्या भेद है। तुम गौरवर्ण हो, लम्बे हो, खिंची हुई भौंहें हैं; सब होने पर भी सिंहलियो की घुँघराली लट, उज्ज्वल श्याम शरीर, क्या स्वप्न में देखने की वस्तु नहीं?

मातृगुप्त--(कुमारदास को जैसे सहसा देखकर) पृथ्वी की समस्त ज्वाला को जहाँ प्रकृति ने अपने बर्फ के अञ्चल से ढँक दिया है, उस हिमालय के--

कुमारदास--और बड़वानल की अनन्त जलराशि से जो संतुष्ट कर रहा है, उस रत्नाकर को--अच्छा जाने दो, रत्नाकर नीचा है, गहरा है। हिमालय ऊँचा है, गर्व से सिर उठाये है, तब जय हो काश्मीर की! हाँ, उस हिमालय के........

मातृगुप्त--उस हिमालय के ऊपर प्रभात--सूर्य की सुनहरी प्रभा से आलोकित बर्फ का, पीले पोखराज का-सा, एक महल था। उसीसे नवनीत की पुतली झाँककर विश्व को देखती थी। वह हिम की शीतलता से सुसंगठित थी। सुनहरी किरणों को जलन हुई। तप्त होकर महल को गला दिया। पुतली! उसका मंगल हो, हमारे अश्रु की शीतलता उसे सुरक्षित रखे। कल्पना की भाषा के पंख गिर जाते हैं, मौन-नीड़ में निवास करने दो। छेड़ो मत मित्र।

कुमारदास--तुम विद्वान हो, सुकवि हो, तुमको इतना मोह?

मातृगुप्त--यदि यह विश्व इन्द्रजाल ही है, तो उस इन्द्रजाली की अनन्त इच्छा को पूर्ण करने का साधन–यह मधुर मोह चिरजीवी हो और अभिलाषा से मचलनेवाले भूखे हृदय को आहार मिले।

कुमारदास--मित्र! तुम्हारी कोमल कल्पना, वाणी की वीणा में झनकार उत्पन्न करेगी। तुम सचेष्ट बनो, प्रतिभाशील हो। तुम्हारा भविष्य बड़ा उज्ज्वल है।

मातृगुप्त--उसकी चिंता नहीं। दैन्य जीवन के प्रचंड आतप में सुन्दर स्नेह मेरी छाया बने! झुलसा हुआ जीवन धन्य हो जाएगा।

कुमारदास--मित्र! इन थोड़े दिनों का परिचय मुझे आजीवन स्मरण रहेगा। अब तो मैं सिंहल जाता हूँ--देश की पुकार है। इसलिये मैं स्वप्नों का देश "भव्य भारत" छोड़ता हूँ। कविवर! इस क्षीण-परिचय कुमार धातुसेन को भूलना मत--कभी आना।

मातृगुप्त--सम्राट कुमारगुप्त के सहचर, विनोदशील कुमारदास! तुम क्या कुमार धातुसेन हो?

कुमारदास--हाँ मित्र, लंका का युवराज। हमारा एक मित्र, एक बाल-सहचर, प्रख्यातकीर्ति, महाबोधि-विहार का श्रमण है। उसे और गुप्त-साम्राज्य का वैभव देखने पर्यटक के रूप में भारत चला आया था। गौतम के पद-रज से पवित्र भूमि को खूब देखा और देखा दर्प से उद्धत गुप्त-साम्राज्य के तीसरे पहर का सूर्य्य। आर्य्य-अभ्युत्थान का यह स्मरणीय युग है। मित्र, परिवर्तन उपस्थित है।

मातृगुप्त--सम्राट कुमारगुप्त के साम्राज्य में परिवर्तन!

धातुसेन--सरल युवक! इस गतिशील जगत् में परिवर्तन पर आश्चर्य! परिवर्तन रुका कि महापरिवर्तन--प्रलय--हुआ! परिवर्तन ही सृष्टि है, जीवन है। स्थिर होना मृत्यु है, निश्चेष्ट शांति मरण है। प्रकृति क्रियाशील है। समय पुरुष और स्त्री की गेंद लेकर दोनों हाथ से खेलता है। पुल्लिंग और स्त्रीलिंग की समष्टि अभिव्यक्ति की कुंजी है। पुरुष उछाल दिया जाता है, उत्पेक्षण होता है। स्त्री आकर्षण करती है। यही जड़ प्रकृति का चेतन रहस्य है।

मातृगुप्त--निस्सन्देह। अनन्तदेवी के इशारे पर कुमारगुप्त नाच रहे हैं। अद्त पहेली है!

धातुसेन-पहेली! यह भी रहस्य ही है। पुरुष है-कुतूहल और प्रश्न, और स्त्री है विश्लेषण, उत्तर और सब बातों का समाधान। पुरुष के प्रत्येक प्रश्न का उत्तर देने के लिये वह प्रस्तुत है। उसके कुतूहल-उसके अभावों को परिपूर्ण करने का उष्ण प्रयत्न और शीतल उपचार! अभागा मनुष्य संतुष्ट है - बच्चों के समान। पुरुष ने कहा-"क", स्त्री ने अर्थ लगा दिया-"कौवा"; बस, वह रटने लगा। विषय-विह्वल वृद्ध सम्राट, तरुणी की आकांक्षाओं के साधन बन रहे हैं। काले मेघ क्षितिज में एकत्र हैं, शीघ्र ही अन्धकार होगा। परंतु आशा का केन्द्र ध्रुवतारा एक युवराज "स्कंद" है। निर्मम शून्य आकाश में शीघ्र ही अनेक वर्ण के मेघ रंग भरेंगे। एक विकट अभिनय का आरम्भ होनेवाला है। तुम भी संभवतः उसके अभिनेताओं में से एक होगे। सावधान! सिंहल तुम्हारे लिये प्रस्तुत हैं। (प्रस्थान)

मातृगुप्त-विचक्षण उदार राजकुमार!

[प्रस्थान]

[अनन्तदेवी का सुसज्जित प्रकोष्ठ]

अनन्तदेवी--जया! रात्रि का द्वितीय प्रहर तो व्यतीत हो रहा है, अभी भटार्क के आने का समय नहीं हुआ?

जया--स्वामिनी! आप बड़ा भयानक खेल खेल रही हैं।

अनन्त--क्षुद्र हृदय--जो चूहे के शब्द से भी शंकित होते हैं, जो अपनी साँस से ही चौंक उठते हैं, उनके लिये उन्नति का कंटकित मार्ग नहीं है। महत्त्वाकांक्षा का दुर्गम स्वर्ग उनके लिये स्वप्न है।

जया--परंतु राजकीय अन्तःपुर की मर्यादा बड़ी कठोर अथच फूल से कोमल है।

अनन्त॰-अपनी नियति का पथ मैं अपने पैरों चलूँगी, अपनी शिक्षा रहने दें।

(जया कपाट के समीप कान लगाती हैं, संकेत होता है, गुप्त द्वार
खुलते ही भटार्क सामने उपस्थित होता है।)

भटार्क--महादेवी की जय हो!

अनन्त°--परिहास न करो मगध के महाबलाधिकृत! देवकी के रहते किस साहस से तुम मुझे
महादेवी कहते हो?

भटार्क--हमारा हृदय कह रहा है, और आये दिन साम्राज्य की जनता, प्रजा, सभी कहेगी।

अनंत°--मुझे विश्वास नहीं होता।

भटार्क--महादेवी! कल सम्राट के समक्ष जो विद्रूप और व्यङ्ग्य-बाण मुझपर बरसाये गये है, वे
अन्तस्तल मे गड़े हुए हैं। उनके निकालने का प्रयत्न नहीं करूँगा, वे ही भावी विप्लव में सहायक होंगे।
चुभ-चुभकर वे मुझे सचेत करेंगे। मैं उन पथ-प्रदर्शकों का अनुसरण करूँगा। बाहुबल से, वीरता
से और अनेक प्रचंड पराक्रमों से ही मुझे मगध के महाबलाधिकृत का माननीय पद मिला है; मैं उस
सम्मान की रक्षा करूँगा। महादेवी! आज मैंने अपने हृदय के मार्मिक रहस्य का अकस्मात् उद्घाटन
कर दिया है। परन्तु वह भी जान-बूझकर--समझकर। मेरा हृदय शूलों के लौहफलक सहने के लिये
है, क्षुद्र विष-वाक्य-बाण के लिये नहीं।

अनन्त°--तुम वीर हो भटार्क! यह तुम्हारे उपयुक्त ही है। देवकी का प्रभाव जिस उग्रता से बढ़
रहा है, उसे देखकर मुझे पुरगुप्त के जीवन में शंका हो रही है। महाबलाधिकृत! दुर्बल माता का हृदय
उसके लिये आज ही से चिन्तित है, विकल है। सम्राट की मति एक-सी नहीं रहती, वे अव्यवस्थित
और चंचल हैं। इस अवस्था में वे विलास की अधिक मात्रा से केवल जीवन के जटिल सुखों की गुत्थियाँ
सुलझाने में व्यस्त हैं।

भटार्क--मैं सब समझ रहा हूँ। पुष्यमित्रों के युद्ध में मुझे सेनापति की पदवी नही मिली, इसका
कारण भी मैं जानता हूँ। मैं दूध पीनेवाला शिशु नहीं हूं। और यह मुझे स्मरण है कि पृथ्वीसेन के विरोध
करने पर भी आपकी कृपा से मुझे महाबलाधिकृत का पद मिला है। मैं कृतघ्न नहीं हूँ, महादेवी! आप
निश्चिन्त रहें।

अनन्त°--पुष्यमित्रों के युद्ध में भेजने के लिये मैंने भी कुछ समझकर उद्योग नहीं किया। भटार्क!
क्रान्ति उपस्थित है, तुम्हारा यहाँ रहना आवश्यक है। भटार्क--क्रान्ति के सहसा इतना समीप उपस्थित
होने के तो कोई लक्षण मुझे नहीं दिखाई पड़ते।

अनन्त°--राजधानी में आनन्द-विलास हो रहा है, और पारसीक मदिरा की धारा बह रही है;
इनके स्थान पर रक्त की धारा बहेगी! आज तुम कालागुरु के गंध-धूम से सन्तुष्ट हो रहे हो, कल इन
उच्च सौध-मन्दिरों में महापिशाची की विप्लव-ज्वाला धधकेगी! उस चिरायँध की उत्कट गंध असह्य
होगी। तब तुम भटार्क! उस आगामी खंड-प्रलय के लिये प्रस्तुत हो कि नही? (ऊपर देखती हुई) उहूँ,
प्रपंचबुद्धि की कोई बात आज तक मिथ्या नहीं हुई।

भटार्क--कौन प्रपंचबुद्धि?

अनन्त°--सूचीभेद्य अंधकार में छिपनेवाली रहस्यमयी नियति का--प्रज्वलित कठोर नियति का-
-नील आवरण उठा कर झाँकनेवाला। उसकी आँखो मे अभिचार का संकेत है; मुस्कराहट में विनाश
की सूचना है; आँधियों से खेलता है, बातें करता है--बिजलियो से आलिंगन!

(प्रपंचबुद्धि का सहसा प्रवेश)

प्रपंचबुद्धि--स्मरण है भाद्र की अमावस्या?

(भटार्क और अनन्तदेवी सहमकर हाथ जोड़ते हैं)

अनन्त°--स्मरण है, भिक्षु-शिरोमणे ! उसे मैं भूल सकती हूँ!

प्रपंच°--कौन, महाबलाधिकृत! हँ हँ हँ हँ, तुम लोग सद्धर्म के अभिशाप की लीला देखोगे; है आँखों में इतना बल? क्यों, समझ लिया था कि इन मुंडित-मस्तक जीर्ण-कलेवर भिक्षु-कंकालों में क्या धरा है। देखो--शव-चिता में नृत्य करती हुई तारा का तांडव नृत्य, शून्य सर्वनाशकारिणी प्रकृति की मुंड-मालाओ की कंदुक-क्रीड़ा! अश्वमेध हो चुके, उनके फलस्वरूप महानरमेध का उपसंहार भी देखो। (देखकर) है तुझमें--तू करेगा? अच्छा महादेवी! अमावस्या के पहले प्रहर में, जब नील गगन से भयानक और उज्ज्वल उल्कापात होगा, महा-शून्य की ओर देखना। जाता हूँ। सावधान!

(प्रस्थान)

भटार्क--महादेवी! यह भूकंप के समान हृदय को हिला देने-वाला कौन व्यक्ति है? ओह, मेरा तो सिर घूम रहा है!

अनन्त°--यही तो भिक्षु प्रपंचबुद्धि है!

भटार्क--तब मुझे विश्वास हुआ। यह क्रूर-कठोर नर-पिशाच मेरी सहायता करेगा। मैं उस दिन के लिये प्रस्तुत हूँ।

अनन्त°--तब प्रतिश्रुत होते हो?

भटार्क--दास सदैव अनुचर रहेगा।

अनन्त°--अच्छा, तुम इसी गुप्त द्वार से जाओ। देखूँ अभी कादम्ब की मोह-निद्रा से सम्राट जगे कि नहीं!

जया--(प्रवेश करके) परम भट्टारक अंगड़ाइयाँ ले रहे हैं। स्वामिनी, शीघ्र चलिये।

(जया का प्रस्थान)

भटार्क--तो महादेवी, आज्ञा हो। अनन्त°--(देखती हुई) भटार्क! जाने को कहूँ ? इस शत्रुपुरी में मैं असहाय अबला इतना--आह! (आँसू पोंछती है)

भटार्क--धैर्य रखिये। इस सेवक के बाहुबल पर विश्वास कीजिये।

अनन्त°--तो भटार्क, जाओ।

(जया का सहसा प्रवेश)

जया--चलिये शीघ्र!

(दोनों जाती हैं)

भटार्क--एक दुर्भेद्य नारी-हृदय में विश्व-प्रहेलिका का रहस्यबीज है। ओह, कितनी साहसशीला स्त्री है! देखूँ गुप्त-साम्राज्य के भाग्य की कुंजी यह किधर घुमाती है। परन्तु इसकी आँखों में काम-पिपासा के संकेत अभी उबल रहे हैं। अतृप्ति की चंचल प्रवञ्चना कपोलों पर रक्त होकर क्रीड़ा कर रही है। हृदय में श्वासों की गरमी विलास का संदेश वहन कर रही है। परन्तु... अच्छा चलूँ यह विचार करने का स्थान नहीं है।

(गुप्त द्वार से जाता है)

[पट-परिवर्तन]

[अन्तःपुर का द्वार]

शर्वनाग--(टहलता हुआ) कौन-सी वस्तु देखी ? किस सौंदर्य पर मन रीझा ? कुछ नहीं, सदैव इसी सुन्दरी खड्ग-लता की प्रभा पर मैं मुग्ध रहा। मैं नहीं जानता कि और भी कुछ सुन्दर है। वह मेरी

स्त्री जिसके अभावों का कोष कभी खाली नहीं, जिसकी भर्त्सनाओं का भांडार अक्षय है, उससे मेरी अंतरात्मा काँप उठती है। आज मेरा पहरा है। घर से जान छूटी, परन्तु रात बड़ी भयानक है। चलें अपने स्थान पर बैठूँ ! सुनता हूँ कि परम भट्टारक की अवस्था अत्यन्त शोचनीय है-- जाने भगवान...

(भटार्क का प्रवेश)

भटार्क--कौन?

शर्वनाग--नायक शर्वनाग।

भटार्क--कितने सैनिक हैं?

शर्व॰--पूरा एक गुल्म।

भटार्क--अंतःपुर से कोई आज्ञा मिली है?

शर्व॰--नहीं।

भटार्क--तुमको मेरे साथ चलना होगा।

शर्व--मैं प्रस्तुत हूँ; कहाँ चलूँ?

भटार्क--महादेवी के द्वार पर।

शर्व॰--वहाँ मेरा क्या कर्त्तव्य होगा?

भटार्क--कोई न तो भीतर जाने पावे और न भीतर से बाहर आने पावे। शर्व॰--(चौंककर) इसका तात्पर्य्य?

भटार्क--(गम्भीरता से) तुमको महाबलाधिकृत की आज्ञा पालन करनी चाहिये।

शर्व॰--तब भी क्या स्वयं महादेवी पर नियंत्रण रखना होगा?

भटार्क--हाँ।

शर्व॰--ऐसा!

भटार्क--ऐसा ही।

(कोलाहल, भीषण उल्कापात)

भटार्क--ओह, ठीक समय हो गया! अच्छा, मैं अभी आता हूँ।

(द्वार खोलकर भटार्क भीतर जाता है)

(रामा का प्रवेश)

रामा--क्यों, तुम आज यहीं हो?

शर्व॰--मै, मैं, यही हूँ; तुम कैसे?

रामा--मूर्ख! महादेवी सम्राट को देखना चाहती हैं, परन्तु उनके आने में बाधा है। गोबर-गणेश! तू कुछ कर सकता है?

शर्व॰--मैं क्रोध से गरजते हुए सिंह की पूँछ उखाड़ सकता हूँ, परन्तु सिंहवाहिनी! तुम्हे देखकर मेरे देवता कूच कर जाते हैं!

रामा--(पैर पटककर) तुम कीड़े से भी अपदार्थ हो!

शर्व॰--न न न न, ऐसा न कहो, मै सब कुछ हूँ। परन्तु मुझे घबराओ मत; समझाकर कहो। मुझे क्या करना होगा? रामा--महादेवी देवकी की रक्षा करनी होगी, समझा? क्या आज इस संपूर्ण गुप्त-

साम्राज्य में कोई ऐसा प्राणी नहीं, जो उनको रक्षा करे! शत्रु अपने विषैले डंक और तीखे डाढ़ सँवार रहे हैं। पृथ्वी के नीचे कुमंत्रणाओं का क्षीण भूकम्प चल रहा है।

शर्व॰--यही तो मैं भी कभी-कभी सोचता था। परन्तु...

रामा--तुम, जिस प्रकार हो सके, महादेवी के द्वार पर आओ, मै जाती हूँ।

(जाती हैं)

(एक सैनिक का प्रवेश)

सैनिक--नायक! न जाने क्यों हृदय दहल उठा है, जैसे सनसन करती हुई, डर से, यह आधी रात खिसकती जा रही है! पवन में गति है, परन्तु शब्द नहीं। "सावधान" रहने का शब्द मैं चिल्लाकर कहता हूँ, परन्तु मुझे ही सुनाई नहीं पड़ता है। यह सब क्या है नायक?

शर्व॰--तुम्हारी तलवार कहीं भूल तो नहीं गई है?

सैनिक--म्यान हल्की-सी लगती है, टटोलता हूँ--पर...

शर्व॰--तुम घबराओ मत, तीन साथियों को साथ लेकर घूमो, सबको सचेत रक्खो। हम इसी शिला पर हैं, कोई डरने की बात नहीं।

(सैनिक जाता हैं, फाटक खोलकर पुरगुप्त निकलता है, पीछे भटार्क और सैनिक।)

पुरगुप्त--नायक शर्वनाग! शर्व॰--जय हो कुमार की! क्या आज्ञा है?

पुरगुप्त--तुम साम्राज्य की शिष्टता सीखो।

शर्व॰--कुमार! दास चिर-अपराधी है। (सिर झुका लेता है)

भटार्क--इन्हें महादेवी के द्वार पर जाने की आज्ञा दीजिये, यह विश्वस्त सैनिक वीर हैं।

पुरगुप्त--जाओ तुम महादेवी के द्वार पर। जैसा महाबलाधिकृत ने कहा है, वैसा करना।

शर्व॰--जैसी आज्ञा। (अपने सैनिकों को साथ लेकर जाता है, दूसरे नायक और सैनिक परिक्रमण करते है।)

भटार्क--कोई भी पूछे तो यह मत कहना कि सम्राट का निधन हो गया है। हाँ, बढ़ी हुई अस्वस्थता का समाचार बतलाना और सावधान, कोई भी--चाहे वह कुमारामात्य ही क्यों न हो--भीतर न आने पावे। तुम यही कहना कि परम भट्टारक अत्यन्त विकल हैं, किसीसे मिलना नहीं चाहते। समझा?

नायक--अच्छा ......

(दोनों जाते हैं, फाटक बन्द होता है)

नायक--(सैनिकों से) आज बड़ी विकट अवस्था है, भाइयो! सावधान!

(कुमारामात्य, पृथ्वीसेन, महादंडनायक और महाप्रतिहार का प्रवेश)

महाप्रतिहार--नायक, द्वार खोलो, हम लोग परम भट्टारक का दर्शन करेंगे।

नायक--प्रभु! किसीको भीतर जाने की आज्ञा नही हैं। महाप्रतिहार--(चौंककर) आज्ञा! किसकी आज्ञा! तू नहीं जानता--सम्राट के अंतःपुर पर स्वयं सम्राट का भी उतना अधिकार नहीं जितना महाप्रतिहार का? शीघ्र द्वार उन्मुक्त कर।

नायक--दंड दीजिये प्रभु, परन्तु द्वार न खुल सकेगा।

महाप्रति॰--तू क्या कह रहा है!

नायक--जैसी भीतर से आज्ञा मिली है।

कुमारामात्य--(पैर पटककर) ओह!

दंडनायक--विलम्ब असह्य है, नायक! द्वार से हट जाओ।

महाप्रति°--मैं आज्ञा देता हूँ कि तुम अंतःपुर से हट जाओ युवक! नहीं तो तुम्हें पदच्युत करूँगा!

नायक--यथार्थ है। परन्तु मैं महाबलाधिकृत की आज्ञा से यहाँ हूँ, और मैं उन्हीं का अधीनस्थ सैनिक हूँ। महाप्रतिहार के अंतःपुर-रक्षकों में मैं नहीं हूँ।

महाप्रति°--क्या अंतःपुर पर भी सैनिक नियंत्रण है? पृथ्वीसेन!

पृथ्वीसेन--इसका परिणाम भयानक है। अंतिम शय्या पर लेटे हुए सम्राट की आत्मा को कष्ट पहुँचाना होगा।

महाप्रति°--अच्छा, (कुछ देखकर) हाँ, शर्वनाग कहाँ गया?

नायक--उसे महाबलाधिकृत ने दूसरे स्थान पर भेजा है।

महाप्रति°--(क्रोध से) मूर्ख शर्वनाश!

(अंतःपुर से क्षीण क्रंदन)

महादंडनायक--(कान लगाकर सुनते हुए) क्या सब शेष हो गया! हम अवश्य भीतर जायेंगे।

(तीनों तलवार खींच लेते हैं, नायक भी सामने आ जाता है,
द्वार खोलकर पुरगुप्त और भटार्क का प्रवेश।)

पृथ्वीसेन--भटार्क! यह सब क्या है?

भटार्क--(तलवार खींचकर सिर से लगाता हुआ) परम भट्टारक राजाधिराज पुरगुप्त की जय हो! माननीय कुमारामात्य, महादंडनायक और महाप्रतिहार! साम्राज्य के नियमानुसार, शस्त्र अर्पण करके, परम भट्टारक का अभिवादन कीजिये।

(तीनों एक दूसरे का मुँह देखते है)

महाप्रतिहार--तब क्या सम्राट कुमारगुप्त महेन्द्रादित्य अब संसार में नही हैं?

भटार्क--नहीं।

पृथ्वीसेन--परन्तु उत्तराधिकारी युवराज स्कंदगुप्त?

पुरगुप्त--चुप रहो। तुम लोगों को बैठकर व्यवस्था नहीं देनी होगी। उत्तराधिकार का निर्णय स्वयं स्वर्गीय सम्राट कर गये हैं।

पृथ्वीसेन--परन्तु प्रमाण?

पुरगुप्त--क्या तुम्हें प्रमाण देना होगा?

पृथ्वीसेन--अवश्य।

पुरगुप्त--महाबलाधिकृत! इन विद्रोहियों को बन्दी करो।

(भटार्क आगे बढ़ता है)

पृथ्वीसेन--ठहरो भटार्क! तुम्हारी विजय हुई, परन्तु एक बात......

पुरगुप्त--आधी बात भी नहीं, बन्दी करो।

पृथ्वीसेन--कुमार! तुम्हारे दुर्बल और अत्याचारी हाथों में गुप्त-साम्राज्य का राजदंड टिकेगा

नहीं। संभवतः तुम साम्राज्य पर विपत्ति का आवाहन करोगे। इसलिये कुमार! इससे विरत हो जाओ।

पुरगुप्त--महाबलाधिकृत! क्यों विलम्ब करते हो?

भटार्क--आप लोग शस्त्र रखकर आज्ञा मानिये।

महाप्रतिहार--आततायी! यह स्वर्गीय आर्य्य चन्द्रगुप्त का दिया हुआ खड्ग तेरी आज्ञा से नहीं रक्खा जा सकता। उठा अपना शस्त्र, और अपनी रक्षा कर!

पृथ्वीसेन--महाप्रतिहार! सावधान! क्या करते हो? यह अन्तर्विद्रोह का समय नहीं है। पश्चिम और उत्तर से काली घटाएँ उमड़ रही हैं, यह समय बल-नाश करने का नहीं है। आओ, हम लोग गुप्त-साम्राज्य के विधान के अनुसार चरम प्रतिकार करें। बलिदान देना होगा। परन्तु भटार्क! जिसे तुम खेल समझकर हाथ में ले रहे हो, उस काल-भुजङ्गी राष्ट्रनीति की--प्राण देकर भी--रक्षा करना। एक नहीं, सौ स्कंदगुप्त उसपर न्योछावर है। आर्य्य-साम्राज्य की जय हो! (छुरा मारकर गिरता है, महाप्रतिहार और दंडनायक भी वैसा ही करते हैं।)

पुरगुप्त--पाखंड स्वयं विदा हो गये-अच्छा ही हुआ।

भटार्क--परन्तु भूल हुई। ऐसे स्वामिभक्त सेवक! पुरगुप्त--कुछ नहीं। (भीतर जाता है)

भटार्क--तो जायँ, सब जायँ; गुप्त-साम्राज्य के हीरों के-से उज्ज्वल-हृदय वीर युवकों का शुद्ध रक्त, सब मेरी प्रतिहिंसा राक्षसी के लिये बलि हो!

[नगर-प्रान्त में पथ]

मुद्गल--(प्रवेश करके) किसी के सम्मान-सहित निमंत्रण देने पर, पवित्रता से हाथ-पैर धोकर चौके पर बैठ जाना—एक दूसरी बात है; और भटकते, थकते, उछलते, कूदते, ठोकर खाते और लुढ़कते--हाथ-पैर की पूजा करते हुए मार्ग चलना---एक भिन्न वस्तु है। कहाँ हम और कहाँ यह दौड़, कुसुमपुरी से अवन्ती और अवन्ती से मूलस्थान! इस बार की आज्ञा तो पालन करता हूँ; परन्तु, यदि, तथापि, पुनश्च, फिर भी, कभी ऐसी आज्ञा मिली कि इस ब्राह्मण ने साष्टांग प्रणाम किया। अच्छा, इस वृक्ष की छाया में बैठकर विचार कर लूँ कि सैकड़ों योजन लौट चलना अच्छा है कि थोड़ा और चलकर काम कर लेना!

(गठरी रख बैठकर ऊँघने लगता है, मातृगुप्त का प्रवेश।)

मातृगुप्त--मुझे तो युवराज ने मूलस्थान की परिस्थिति संभालने के लिये भेजा, देखता हूँ कि यह मुद्गल भी यहाँ आ पहुँचा! चलें इसे कुछ तंग करें, थोड़ा मनोविनोद ही सही।

(कपड़े से मुँह छिपाकर, गठरी खींचकर चलता है)

मुद्गल--(उठकर) ठहरो भाई, हमारे जैसे साधारण लोग अपनी गठरी आप ही ढोते हैं; तुम कष्ट न करो। (मातृगुप्त चक्कर काटता है, मुद्गल पीछे-पीछे दौड़ता है।)

मातृगुप्त--(दूर खड़ा होकर) अब आगे बढ़े कि तुम्हारी टाँग टूटी!

मुद्गल--अपनी गठरी बचाने में टाँग टूटना बुरा नहीं, अपशकुन नहीं। तुम यह न समझना कि हम दूर चलते-चलते थक गये हैं। तुम्हारा पीछा न छूटेगा। हम ब्राह्मण हैं, हमसे शास्त्रार्थ कर लो। डंडा न दिखाओ। हाँ, मेरी गठरी जो तुम लेते हो, इसमें कौन-सा न्याय है? बोलो--

मातृगुप्त--न्याय? तब तो तुम आप्तवाक्य अवश्य मानते होगे।

मुद्गल--अच्छा तो तर्कशास्त्र लगाना पड़ेगा?

मातृगुप्त--हाँ; तुमने गीता पढ़ी होगी?

मुद्गल--हाँ अवश्य, ब्राह्मण और गीता न पढ़े!

मातृगुप्त--उसमें तो लिखा है कि «न त्वेवाहं जातु नाऽसौ न त्वं नेमे»--न हम हैं न तुम हो, न यह वस्तु है, न तुम्हारी है न हमारी;--फिर इस छोटी-सी गठरी के लिये इतना झगड़ा!

मुद्गल--ओहो! तुम नहीं समझे।

मातृगुप्त--क्या?

मुद्गल--गीता सुनने के बाद क्या हुआ?

मातृगुप्त--महाभारत!

मुद्गल--तब भइया, इस गठरी के लिये महाभारत का एक लघु संस्करण हो जाना आवश्यक है। गठरी में हाथ लगाया कि डंडा लगा! (डंडा तानता है)

मातृगुप्त--मुद्गल, डंडा मत तानो, मैं वैसा मूर्ख नहीं कि सूच्यग्र-भाग के लिये दूध और मधु से बना हुआ एक बूंद रक्त भी गिराऊँ!

(गठरी देता है)

मुद्गल--अरे कौन! मातृगुप्त!

(नेपथ्य में कोलाहल)

मातृगुप्त--हाँ मुद्गल। इधर ते शक और हूण की सम्मिलित सेना घोर आतंक फैला रही है, चारों ओर विप्लव का साम्राज्य है। निरीह भारतीयों की घोर दुर्दशा है।

मुद्गल--और मैं महादेवी का संदेश लेकर अवन्ती गया, वहाँ युवराज नहीं थे। बलाधिकृत पर्णदत्त की आज्ञा हुई कि महाराजपुत्र गोविन्दगुप्त को, जिस तरह हो, खोज निकालो। यहाँ तो विकट समस्या है। हम लोग क्या कर सकते हैं ?

मातृगुप्त--कुछ नही, केवल भगवान से प्रार्थना! साम्राज्य में कोई सुननेवाला नहीं, अकेले युवराज स्कन्दगुप्त क्या करेंगे?

मुद्गल--परन्तु भाई, हम ईश्वर होते तो इन मनुष्यो की कोई प्रार्थना सुनते ही नही। इनके हर काम में हमारी आवश्यकता पड़ती है! मैं तो घबरा जाता, भला वह तो कुछ सुनते भी हैं। मातृगुप्त नही मुद्गल, निरीह प्रजा का नाश देखा नहीं जाता है क्या इनकी उत्पत्ति का यही उद्देश था? क्या इनका जीवन केवल चीटियो के समान किसीकी प्रतिहिंसा पूर्ण करने के लिये है? देखो वह दूर पर बँधे हुए नागरिक और उनपर हूणो की नृशंसता! ओह!!

मुद्गल--अरे! हाय रे बाप!!

मातृगुप्त--सावधान! असहाय अवस्था में प्रार्थना के अतिरिक्त और कोई उपाय नहीं, आओ हम लोग भगवान से विनती करें-

(दोनों सम्मिलित स्वर से)

उतारोगे अब कब भू-भार
बार-बार क्यों कह रक्खा था लूँगा मैं अवतार
उमड़ रहा है इस भूतल पर दुख का पारावार
बाड़व लेलिहान जिह्वा का करता है विस्तार
प्रलय-पयोधर बरस रहे है रक्त-अश्रु की धार
मानवता में राक्षसत्व का अब है पूर्ण प्रचार
पड़ा नहीं कानों में अब तक क्या यह हाहाकार

सावधान हो अब तुम जानो मैं तो चुका पुकार

(हूण-सैनिकों का प्रवेश-बन्दियों के साथ।)

हूण--चुप रह, क्या गाता है ?

मुद्गल--है है, भीख माँगता हूँ, गीत गाता हूँ। आप भी कुछ दीजियेगा? (दीन मुद्रा बनाता है)

हूण--(धक्का देते हुए) चल, एक ओर खड़ा हो। हाँ जी, इन दुष्टों ने कुछ देना अभी स्वीकार नहीं किया, बड़े कुत्ते हैं!

नागरिक--हम निरीह प्रजा हैं। हम लोगों के पास क्या रह गया जो आज लोगों को दें। सैनिकों ने तो पहले ही लूट लिया है।

हूण-सेनापति--तुम लोग बातें बनाना खूब जानते हो। अपना छिपा हुआ धन देकर प्राण बचाना हो तो शीघ्रता करो, नहीं तो गरम किये हुए लोहे प्रस्तुत है——कोड़े और तेल में तर कपड़े भी। उस कष्ट का स्मरण करो।

नागरिक--प्राण तो तुम्हारे हाथों में है, जब चाहे ले लो।

हूण-सेनापति--(कोड़े से मारता हुआ) उसे तो ले ही लेंगे, पर, धन कहाँ है ?

नागरिक--नहीं है निर्दय! हत्यारे! कह दिया कि नहीं है।

हूण-सेनापति—(सैनिकों से) इनके बालकों को तेल से भीगा हुआ कपड़ा डालकर जला दो और स्त्रियों को गरम लोहो से दागो।

स्त्रियाँ--हे नाथ!
हमारे निर्बलो के बल कहाँ हो
हमारे दीन के सम्बल कहाँ हो

पुरुष--नहीं हो नाम ही बस नाम है क्या
सुना केवल यहाँ हो या वहाँ हो

स्त्रियाँ--पुकारा जब किसीने तब सुना था
भला विश्वास यह हमको कहाँ हो

(स्त्रियों को पकड़कर हूण खीचते हैं)

मातृगुप्त--हे प्रभु!
हमें विश्वास दो अपना बना लो
सदा स्वच्छन्द हों–चाहे जहाँ हों

इन निरीहों के लिये प्राण उत्सर्ग करना धर्म है। कायरो! स्त्रियों पर यह अत्याचार!!

(तलवार से बंधन काटता है। लपकते हुए एक सन्यासी का प्रवेश।)

संन्यासी–साधु! वीर! सम्हलकर खड़े हो जाओ--भगवान पर विश्वास करके खड़े हो।

मुद्गल--(पहचानता हुआ) जय हो, महाराजपुत्र गोविन्द-गुप्त की जय हो !

(सब उत्साहित होकर भिड़ जाते हैं ; हूण-सैनिक भागते हैं।)

गोविन्द०--अच्छा मुद्गल! तुम यहाँ कैसे? और युवक! तुम कौन हो?

मातृगुप्त--युवराज स्कंदगुप्त का अनुचर।

मुद्गल--वीर-पुङ्गव! इतने दिनों पर दर्शन भी हुआ तो इस वेष में!

गोविन्द०--मुद्गल! क्या कहूँ। स्कंद कहाँ है?

मातृगुप्त-उज्जयिनी में।

गोविन्द०--अच्छा है, सुरक्षित है। चलो, दुर्ग में हमारी सेना पहुँच चुकी है, वहाँ विश्राम करो। यहाँ का प्रबन्ध करके हमको शीघ्र आवश्यक कार्य से मालव जाना है। अब हूणो के आतंक का डर नहीं।

सब--जय हो राजकुमार गोविन्दगुप्त की!

गोविन्द०--पुष्यमित्रो के युद्ध का क्या परिणाम हुआ?

मातृगुप्त-विजय हुई।

गोविन्द०--और मालव का?

मुद्गल--युवराज थोड़ी सेना लेकर बन्धुवर्म्मा की सहायता के लिये गये है।

गोविन्द०--(ऊपर देखकर) वीरपुत्र है। स्कन्द! आकाश के देवता और पृथ्वी की लक्ष्मी तुम्हारी रक्षा करें। आर्य्य-साम्राज्य के तुम्ही एकमात्र भरोसा हो।

मुद्गल--तब महाराज-पुत्र! बड़ी भूख लगी है। प्राण बचते ही भूख का धावा हो गया, शीघ्र रक्षा कीजिये!

गोविन्द०--हाँ हाँ, सब लोग चलो।

[सब जाते हैं]

[अवन्ती का दुर्ग]

(देवसेना, विजया, जयमाला)

विजया--विजय किसकी होगी, कौन जानता है।

जयमाला--तुमको केवल अपने धन की रक्षा का इतना ध्यान है।

देवसेना--और देश के मान का, स्त्रियों की प्रतिष्ठा का, बच्चों की रक्षा का कुछ नहीं।

विजया--(संकुचित होकर) नहीं, मेरा अभिप्राय यह नहीं था।

जयमाला--परन्तु एक उपाय है।

विजया--वह क्या?

जयमाला--रक्षा का निश्चित उपाय।

देवसेना--तुम्हारे पिता ने तो उस समय नहीं माना, न सुना, नहीं तो आज इस भय का अवसर ही न आता।

जयमाला--तुम्हारी अपार धन-राशि में से एक क्षुद्र अंश, वही यदि इन धन-लोलुप शृगालों को दे दिया जाता तो......

विजया--किन्तु इस प्रकार अर्थ देकर विजय खरीदना तो देश की वीरता के प्रतिकूल है।

जयमाला--ठहरो, कोई आ रहा है।

(बन्धुवर्म्मा का प्रवेश)

बंधुवर्म्मा--प्रिये! अभी तक युवराज का कोई संदेश नहीं मिला। संभवतः शक और हूणों की सम्मिलित वाहिनी से आज दुर्ग की रक्षा न कर सकूँगा।

जयमाला--नाथ! तब क्या मुझे स्कंदगुप्त का अभिनय करना होगा? क्या मालवेश को दूसरे की

सहायता पर ही राज्य करने का साहस हुआ था? जाओ प्रभु! सेना लेकर सिंह-विक्रम से सेना पर टूट पड़ो! दुर्ग-रक्षा का भार मैं लेती हूँ।

विजया--महाराज! यह केवल वाचालता है। दुर्ग-रक्षा का भार सुयोग्य सेनापति पर होना चाहिये।

बन्धुवर्मा--घबराओ मत श्रेष्ठ-कन्ये!

जयमाला--स्वर्ण-रत्न की चमक देखनेवाली आँखें बिजली-सी तलवारों के तेज को कब सह सकती है। श्रेष्ठि-कन्ये! हम क्षत्राणी हैं, चिरसङ्गिनी खड्गलता को हम लोगो से चिर-स्नेह है।

बन्धुवर्मा–प्रिये! शरणागत और विपन्न की मर्य्यादा रखनी चाहिये। अच्छा, दुर्ग का तो नही, अंतःपुर का भार तुम्हारे ऊपर है।

देवसेना--भइया, आप निश्चिन्त रहिये।

बंधुवर्म्मा--भीम दुर्ग का निरीक्षण करेगा; मैं जाता हूँ।

(जाता है)

विजया–भयानक युद्ध समीप ही जान पड़ता है, क्यों राजकुमारी!

देवसेना--तुम वीणा ले लो तो मैं कुछ गाऊँ।

विजया--हँसी न करो राजकुमारी!

जयमाला--बुरा क्या है?

विजया---युद्ध और गान!

जयमाला--युद्ध क्या गान नहीं है? रुद्र का श्रृंगीनाद, भैरवी का तांडवनृत्य, और शस्त्रों का वाद्य मिलकर भैरव-संगीत की सृष्टि होती है। जीवन के अंतिम दृश्य को जानते हुए, अपनी आँखों से देखना, जीवन-रहस्य के चरस सौन्दर्य की नग्न और भयानक वास्तविकता का अनुभव केवल सच्चे वीर-हृदय को होता है। ध्वंसमयी महामाया प्रकृति का वह निरंतर संगीत है। उसे सुनने के लिये हृदय में साहस और बल एकत्र करो। अत्याचार के शमशान में ही मङ्गल का, शिव का, सत्य सुन्दर संगीत का समारम्भ होता है।

देवसेना--तो भाभी, मैं तो गाती हूँ। एक बार गा लूँ हमारा प्रिय गान फिर गाने को मिले या नहीं।

जयमाला--तो गाओ न।

विजया--रानी! तुम लोग आग की चिनगारियाँ हो, या स्त्री हो? देवी! ज्वालामुखी की सुन्दर लट के समान तुम लोग ......

जयमाला--सुनो, देवसेना गा रही है--

(गाना)

भरा नैनों में मन में रूप
किसी छलिया का अमल अनूप
जल-थल, मारुत, व्योम में, जो छाया है सब ओर
खोज-खोजकर खो गई मैं, पागल - प्रेम - विभोर
भाँग से भरा हुआ यह कूप
भर नैनों में मन में रूप
धमनी की तंत्री बजी, तू रहा लगाये कान
बलिहारी मैं, कौन तू है मेरा जीवन - प्रान

खेलता जैसे छाया - धूप।
भर नैनों में मन में रूप॥

(सहसा भीमवर्म्मा का प्रवेश)

भीम--भाभी, दुर्ग का द्वार टूट चुका है। हम अंत:पुर के बाहरी द्वार पर है। अब तुम लोग प्रस्तुत रहना।

जयमाला--उनका क्या समाचार है?

भीम--अभी कुछ नहीं मिला। गिरिसंकट में उन्होंने शत्रुओं के मार्ग को रोका था, परन्तु दूसरी शत्रु-सेना गुप्त मार्ग से आ गई। मैं जाता हूँ, सावधान!

(जाता है)

(नेपथ्य में कोलाहल, भयानक शब्द)

विजया--महारानी! किसी सुरक्षित स्थान में निकल चलिये।

जयमाला--(छुरी निकालकर) रक्षा करनेवाली तो पास है, डर क्या, क्यो देवसेना?

देवसेना--भाभी! श्रेष्ठि-कन्या के पास नहीं है, उन्हें भी दो।

विजया--न न न, मै लेकर क्या करूँगी, भयानक!

देवसेना--इतनी सुन्दर वस्तु क्या कलेजे में रख लेने के योग्य नहीं है?

विजया---(धड़ाके का शब्द सुनकर) ओह! तुम लोग बड़ी निर्दय हो!

जयमाला--जाओ, एक ओर छिपकर खड़ी हो जाओ!

(रक्त से लथपथ भीम का प्रवेश)

भीम--भाभी! रक्षा न हो सकी, अब तो मैं जाता हूँ| वीरों के वरणीय सम्मान को अवश्य प्राप्त करूँगा। परन्तु...

जयमाला--हम लोगों की चिन्ता न करो। वीर! स्त्रियो की, ब्राह्मणों की, पीड़ितों और अनाथों की रक्षा में प्राण-विसर्जन करना, क्षत्रिय का धर्म है। एक प्रलय की ज्वाला अपनी तलवार से फैला दो। भैरव के श्रृंगीनाद के समान प्रबल हुंकार से शत्रु-हृदय कँपा दो। वीर! बढ़ो, गिरो तो मध्यान्ह के भीषण सूर्य के समान!--आगे, पीछे, सर्वत्र आलोक और उज्ज्वलता रहे!

(भीम का प्रस्थान, द्वार का टूटना, विजयी शत्रु-सेनापति का प्रवेश, भीम का आकर रोकना, गिरते-गिरते भीम का जयमाला और देवसेना की सहायता से युद्ध। सहसा स्कंदगुप्त का सैनिकों के साथ प्रवेश।)

'युवराज स्कंदगुप्त की जय!'

(शक और हुण स्तम्भित होते हैं)

स्कंद०--ठहरो देवियो! स्कंद के जीवित रहते स्त्रियों को| शस्त्र नहीं चलाना पड़ेगा।

(युद्ध; सब पराजित और बंदी होते हैं।)

विजया--(झाँककर) अहा! कैसी भयानक और सुन्दर मूर्ति है!

स्कन्द--(विजया को देखकर) यह--यह कौन?

[पटाक्षेप]

द्वितीय अंक

देवसेना--इसी पृथ्वी पर है और अवश्य है।

विजया--कहाँ राजकुमारी? संसार में छल, प्रवञ्चना और हत्याओं को देखकर कभी-कभी मान ही लेना पड़ता है कि यह जगत् ही नरक है। कृतघ्ता और पाखंड का साम्राज्य यहीं है। छीना-झपटी, नोच-खसोट, मुँह में से आधी रोटी छीन कर भागनेवाले विकट जीव यहीं तो है। शमशान के कुत्तों से भी बढ़कर मनुष्यों की पतित दशा है।

देवसेना--पवित्रता की माप है मलिनता, सुख का आलोचक है दुःख, पुण्य की कसौटी है पाप। विजया! आकाश के सुन्दर नक्षत्र आँखो से केवल देखे हो जाते है; वे कुसुम-कोमल है कि वज्र-कठोर--कौन कह सकता है। आकाश में खेलती हुई कोकिल की करुणामयी तान का कोई रूप है या नही, उसे देख नहीं पाते। शतदल और पारिजात का सौरभ बिठा रखने की वस्तु नहीं। परन्तु संसार में ही नक्षत्र से उज्ज्वल--किन्तु कोमल–स्वर्गीय संगीत की प्रतिमा तथा स्थायी कीर्ति-सौरभ वाले प्राणी देखे जाते हैं! उन्हीं से स्वर्ग का अनुमान कर लिया जा सकता है।

विजया-होंगे, परन्तु मैंने नहीं देखा।

देवसेना--तुमने सचमुच कोई ऐसा व्यक्ति नहीं देखा?

विजया--नहीं तो---

देवसेना--समझकर कहो।

विजया--हाँ, समझ लिया है।

देवसेना--क्या तुम्हारा हृदय कही पराजित नहीं हुआ? विजया! विचारकर कहो, किसी भी असाधारण महत्त्व से तुम्हारा उदंड हृदय अभिभूत नहीं हुआ? यदि हुआ है तो वही स्वर्ग है। जहाँ हमारी सुन्दर कल्पना आदर्श का नीड़ बनाकर विश्राम करती है, वही स्वर्ग है। वही विहार का, वही प्रेम करने का स्थल स्वर्ग है, और वह इसी लोक में मिलता है। जिसे नहीं मिला, वह इस संसार में अभागा है।

विजया--तो राजकुमारी, मैं कह दूँ?

देवसेना--हाँ, हाँ, तुम्हें कहना ही होगा।

विजया--मुझे तो आज तक किसीको देखकर हारना नहीं पड़ा। हाँ, एक युवराज के सामने मन ढीला हुआ, परंतु मैं उसे कुछ राजकीय प्रभाव भी कहकर टाल दे सकती हूँ।

देवसेना--नहीं विजया! वह टालने से, बहला देने से, नहीं हो सकता। तुम भाग्यवती हो, देखो यदि वह स्वर्ग तुम्हारे हाथ लगे। (सामने देखकर) अरे लो! वह युवराज आ रहे हैं। हम लोग हट चलें।

(दोनों जाती हैं, स्कंदगुप्त का प्रवेश, पीछे चक्रपालित)

स्कंद०--विजय का क्षणिक उल्लास हृदय की भूख मिटा देगा? कभी नहीं। वीरों का भी क्या ही व्यवसाय है, क्या ही उन्मत्त भावना है। चक्रपालित! संसार में जो सबसे महान् है, वह क्या है? त्याग। त्याग का ही दूसरा नाम महत्त्व है। प्राणों का मोह त्याग करना वीरता का रहस्य है।

चक्र०--युवराज! संपूर्ण संसार कर्मण्य वीरों की चित्र-शाला है। वीरत्व एक स्वावलम्बी गुण है। प्राणियों का विकास संभवतः इसी विचार के ऊर्जित होने से हुआ है। जीवन मे वही तो विजयी होता है, जो दिन-रात «युद्ध्यस्व विगतज्वरः» का शंखनाद सुना करता है।

स्कंद०--चक्र! ऐसा जीवन तो विडम्बना है, जिसके लिये दिन-रात लड़ना पड़े। आकाश में जब शीतल शुभ्र शरद-शशि का विलास हो, तब भी दाँत-पर-दाँत रखे, मुट्ठियों को बाँधे हुए, लाल आँखो से एक दूसरे को घूरा करे! वसंत के मनोहर प्रभात में, निभृत कगारों में, चुपचाप बहनेवाली सरिताओं का स्रोत गरम रक्त बहाकर लाल कर दिया जाय! नहीं, नहीं चक्र! मेरी समझ में मानव-जीवन का यह उद्देश नहीं है। कोई और भी निगूढ़ रहस्य है, चाहे उसे मैं स्वयं न जान सका हूँ।

चक्र०—सावधान युवराज! प्रत्येक जीवन में कोई बड़ा काम करने के पहले ऐसे ही दुर्बल विचार आते हैं; वह तुच्छ प्राणों का मोह है। अपने को झगड़ों से अलग रखने के लिये, अपनी रक्षा के लिये, यह उसका क्षुद्र प्रयत्न होता है। अयोध्या चलने के लिये आपने कब का समय निश्चित किया है? राज सिंहासन कब तक सूना रहेगा? पुष्यमित्रों और शकों के युद्ध समाप्त हो चुके है।

स्कंद०--तुम मुझे उत्तेजित कर रहे हो।

चक्र०--हाँ युवराज! मुझे यह अधिकार है।

स्कंद०--नहीं चक्र! अश्वमेध-पराक्रम स्वर्गीय सम्राट कुमार-गुप्त का आसन मेरे योग्य नहीं है। मै झगड़ा करना नहीं चाहता, मुझे सिंहासन न चाहिये। पुरगुप्त को रहने दो। मेरा अकेला जीवन है। मुझे......

चक्र०--यह नहीं होगा। यदि राज्यशक्ति के केन्द्र में ही अन्याय होगा, तब तो समग्र राष्ट्र अन्यायों का क्रीड़ा-स्थल हो जायगा। आपको सबके अधिकारों की रक्षा के लिये अपना अधिकार सुरक्षित करना ही पड़ेगा।

(चर का आना, कुछ संकेत करना, दोनों का प्रस्थान, देवसेना और विजया का प्रवेश।)

विजया--यह क्या राजकुमारी! युवराज तो उदासीन हैं।

देवसेना--हाँ विजया, युवराज की मानसिक अवस्था कुछ बदली हुई है।

विजया--दुर्बलता इन्हें राज्य से हटा रही है।

देवसेना--कहीं तुम्हारा सोचा हुआ, युवराज के महत्त्व का परदा तो नहीं हटा रहा है? क्यों विजया! वैभव का अभाव तुम्हें खटकने तो नहीं लगा है।

विजया--राजकुमारी! तुम तो निर्दय वाक्यबाणों का प्रयोग कर रही हो।

देवसेना--नहीं विजया, बात ऐसी है। धनवानों के हाथ में माप ही एक है। वह विद्या, सौन्दर्य, बल, पवित्रता, और तो क्या, हृदय भी उसीसे मापते हैं। वह माप है-उनका ऐश्वर्य्य।

विजया--परन्तु राजकुमारी! इस उदार दृष्टि से तो चक्रपालित क्या पुरुष नहीं है? है अवश्य। वीर हृदय है, प्रशस्त वक्ष है, उदार मुखमंडल है!

देवसेना--और सबसे अच्छी एक बात है। तुम समझती हो कि वह महत्त्वाकांक्षी है। उसे तुम अपने वैभव से क्रय कर सकती हो, क्यो? भाई, तुमको लेना है, तुम स्वयं समझ लो, मेरी दलाली नहीं चलेगी।

विजया--जाओ राजकुमारी!

देवसेना--एक गाना सुनोगी?

विजया--महारानी खोजती होंगी, अब चलना चाहिये।

देवसेना--तब तुम अभी प्रेम करने का, मनुष्य फंसाने का, ठीक सिद्धांत नहीं जानती हो।

विजया--क्या?

देवसेना--नये ढंग के आभूषण, सुन्दर वसन, भरा हुआ यौवन--यह सब तो चाहिये ही, परन्तु एक वस्तु और चाहिये। सुपुरुष को वशीभूत करने के पहले चाहिये एक धोखे की टट्टी। मेरा तात्पर्य है--एक वेदना अनुभव करने का, एक विह्वलता का, अभिनय उसके मुख पर रहे जिससे कुछ आड़ी-तिरछी रेखाएँ मुख पर पड़ें, और मूर्ख मनुष्य उन्हीं को पढ़ लेने के लिये व्याकुल हो जाये। और फिर दो बूंद गरम-गरम आँसू और इसके बाद एक तान वागीश्वरी की--करुण-कोमल तान। बिना इसके सब रंग फीका--

विजया--उस समय भी गान?

देवसेना--बिना गान के कोई कार्य नहीं। विश्व के प्रत्येक कम्प में एक ताल है। आहा! तुमने सुना नहीं है दुर्भाग्य तुम्हारा। सुनोगी?

विजया--राजकुमारी! गाने का भी रोग होता है क्या? हाथ को ऊँचे-नीचे हिलाना, मुंह बनाकर एक भाव प्रकट करना, फिर सिर को इस ज़ोर से हिला देना जैसे उस तान से शून्य मे एक हिलोर उठ गई!

देवसेना--विजया! प्रत्येक परमाणु के मिलन में एक सम है, प्रत्येक हरी-हरी पत्ती के हिलने मे एक लय है। मनुष्य ने अपना स्वर विकृत कर रखा है, इसीसे तो उसका स्वर विश्व-वीणा में शीघ्र नहीं मिलता। पांडित्य के मारे जब देखो, जहाँ देखो, बेताल-बेसुरा बोलेगा। पक्षियों को देखो, उनकी "चहचह" "कलकल" "छलछल" मे, काकली में, रागिनी है।

विजया--राजकुमारी, क्या कह रही हो?

देवसेना--तुमने एकांत टीले पर, सबसे अलग, शरद के सुन्दर प्रभात में फूला हुआ, फूलों से लदा हुआ, पारिजात-वृक्ष देखा है?

विजया--नहीं तो। देवसेना—उसका स्वर अन्य वृक्षों से नहीं मिलता। वह अकेले अपने सौरभ की तान से दक्षिण-पवन में कम्प उत्पन्न करता है, कलियो को चटकाकर त ली बजाकर, झूम-झूमकर नाचता है। अपना नृत्य, अपना संगीत, वह स्वयं देखता है--सुनता है। उसके अंतर से जीवन-शक्ति वीणा बजाती है। वह बड़े कोमल स्वर मे गाता है--

> घने प्रेम-तरु-तले
> बैठ छाँह लो भव-आतप से तापित और जले
> छाया है विश्वास की श्रद्धा-सरिता-कूल
> सिंची आँसुओं से मृदुल है परागमय धूल
> यहाँ कौन जो छले
> फूल चू पड़े वात से भरे हृदय का घाव
> मन की कथा व्यथा-भरी बैठो सुनते जाव
> कहाँ जा रहे चले
> पी लो छवि-रस-माधुरी सींचो जीवन-बेल
> जी लो सुख से आयु-भर यह माया का खेल

मिलो स्नेह से गले
घने प्रेम-तरु-तले

(बन्धुवर्म्मा को प्रवेश)

देवसेना--(संकुचित होती-सी) अरे, भइया--

बंधुवर्म्मा--देवसेना, तुझे गाने का भी विचित्र रोग है।

देवसेना--रोग तो एक-न-एक सभी को लगा है। परन्तु यह रोग अच्छा है, इससे कितने रोग अच्छे किये जा सकते हैं।

बंधुवर्म्मा--पगली! जा देख, युवराज जा रहे है; कुसुमपुर से कोई समाचार आया है।

देवसेना--तब उन्हें जाना आवश्यक होगा। भाभी बुलाती हैं क्या?

बंधुवर्म्मा--हाँ, उनकी विदाई करनी होगी। संभवतः सिंहासन पर बैठने का राज्याभिषेक का-- प्रकरण होगा।

देवसेना--क्या आपको ठीक नहीं मालूम"?

बंधुवर्म्मा--नही तो; मुझसे कुछ कहा नहीं। परन्तु भौंहों के नीचे एक गहरी छाया है, वात कुछ समझ में नहीं आती।

देवसेना--भइया, तुम लोगों के पास बातें छिपा रखने का एक भारी रहस्य है। जी खोलकर कह देने में पुरुषों की मर्य्यादा घटती है। जब तुम्हारा हृदय भीतर से क्रंदन करता है, तब तुम लोग एक मुस्कराहट से उसे टाल देते हो यह बड़ी प्रवञ्चना है।

बंधुवर्म्मा--(हँसकर) अच्छा जा उधर, उपदेश मत दे।

(विजया और देवसेना जाती हैं)

बंधुवर्म्मा--उदार-वीर-हृदय, देवोपम-सौन्दर्य्य, इस आर्य्यावर्त्त का एकमात्र आशा-स्थल इस युवराज का विशाल मस्तक कैसी चक्र लिपियों से अङ्कित है! अंतःकरण में तीव्र अभिमान के साथ विराग है। आँखों में एक जीवन-पूर्ण ज्योति है। भविष्य के साथ इसका युद्ध होगा, देखूँ कौन विजयी होता है। परन्तु मैं प्रतिज्ञा करता हूँ कि अब से इस वीर परोपकारी के लिये मेरा सर्वस्व अर्पित है। चलूँ--

[जाता है]

[मठ में प्रपंचबुद्धि, भटार्क और शर्वनाग]

प्रपंच०--बाहर देख लो, कोई है तो नहीं।

(शर्व जाकर लौट आता है)

शर्व०--कोई नहीं, परन्तु आप इतना चौकते क्यों हैं? मै तो कभी यह चिन्ता नहीं करता कि कौन आया है या आवेगा।

प्रपंच०--तुम नहीं जानते।

शर्व०--नहीं श्रमण! मैं खड्ग हाथ में लिए प्रत्येक भविष्यत् की प्रतीक्षा करता हूँ। जो कुछ होगा, वही निबटा लेगा। इतने डर की, घबराहट की, आवश्यकता नही। विश्वास करना और देना, इतने ही लघु व्यापार से संसार की सब समस्याएं हल हो जायँगी।

प्रपंच०--प्रत्येक भित्ति के किवाड़ों के कान होते हैं; समझ लेना चाहिये, देख लेना चाहिये।

शर्व०--अच्छी बात है, कहिये।

भटार्क--तुम पहले चुप तो रहो।

(शर्व चुप रहने की मुद्रा बनाता है।)

प्रपंच०--धर्म की रक्षा करने के लिये प्रत्येक उपाय से काम लेना होगा।

शर्व०--भिक्षु-शिरोमणे! वह कौन-सा धर्म है, जिसकी हत्या हो रही है?

प्रपंच०--यही हत्या रोकना, अहिंसा, गौतम का धर्म है। यज्ञ की बलियों को रोकना, करुणा और सहानुभूति की प्रेरणा से कल्याण का प्रचार करना। हाँ, अवसर ऐसा है कि हम वह काम भी करें जिससे तुम चौंक उठो। परन्तु नहीं, वह तो तुम्हें करना ही होगा।

भटार्क--क्या?

प्रपंच०--महादेवी देवकी के कारण राजधानी में विद्रोह की संभावना है, उन्हें संसार से हटाना होगा।

शर्व०--ठीक है, तभी आप चौंकते हैं, और तभी धर्म की रक्षा होगी। हत्या के द्वारा हत्या का निषेध कर लेंगे--क्यों?

भटार्क--ठहरो शर्व! परन्तु महास्थविर! क्या इसकी अत्यंत आवश्यकता है?

प्रपंच०--नितांत।

शर्व०--बिना इसके काम ही न चलेगा, धर्म ही ना प्रचारित होगा!

प्रपंच--और यह काम शर्व को करना होगा।

शर्व०--(चौंककर) मुझे? मैं कदापि नहीं...

भटार्क--शीघ्रता न करो शर्व! भविष्यत के सुखों से इसकी तुलना करो।

शर्व०--नाप-तौल मैं नहीं जानता, मुझे शत्रु दिखा दो। मैं भूखे भेड़िये की भांति उसका रक्तपान कर लूँगा, चाहे मैं ही क्यों न मारा जाऊँ; परन्तु निरीह हत्या--यह मुझसे नहीं••••••

भटार्क--मेरी आज्ञा।

शर्व--तुम सैनिक हो, उठाओ तलवार। चलो, दो सहस्र शत्रुओं पर हम दो मनुष्य आक्रमण करें। देखें, मरने से कौन भागता है। कायरता! अबला महादेवी की हत्या! किस प्रलोभन में तुम पिशाच बन रहे हो?

भटार्क--सावधान शर्व! इस चक्र से तुम नहीं निकल सकते। या तो करो या मरो। मैं सज्जनता का स्वांग नहीं ले सकता, मुझे वह नहीं भाता। मुझे कुछ लेना है, वह जैसे मिलेगा--लूँगा। साथ दोगे तो तुम भी लाभ में रहोगे।

शर्व--नहीं भटार्क! लाभ ही के लिये मनुष्य सब काम करता, तो पशु बना रहना ही उसके लिये पर्याप्त था। मुझसे यह काम नहीं होने का!

प्रपंच०--ठहरो भटार्क! मुझे पूछने दो। क्यों शर्व! तुमने जो यह अस्वीकार किया है, वह क्यों? पाप समझकर?

शर्व०--अवश्य।

प्रपंच--तुम किसी कर्म को पाप नहीं कह सकते; वह अपने नग्न रूप में पूर्ण है, पवित्र है। संसार ही युद्धक्षत्र है, इसमें पराजित होकर शस्त्र अर्पण करके जीने से क्या लाभ? तुम युद्ध में हत्या करना

धर्म्म समझते हो, परन्तु दूसरे स्थल पर अधर्म्म?

शर्व०--हाँ।

प्रपंच०--मार डालना, प्राणी का अन्त कर देना, दोनों स्थलों में एक-सा है, केवल देश और काल का भेद है। यही न?

शर्व०--हाँ, ऐसा ही तो।

प्रपंच०--तब तुम स्थान और समय की कसौटी पर कर्म्म को परखते हो, इसीसे कर्म्म के अच्छे और बुरे होने की जाँच करते हो।

शर्व०--दूसरा उपाय क्या?

प्रपंच--है क्यों नहीं। हम कर्म की जाँच परिणाम से करते हैं, और यही उद्देश तुम्हारे स्थान और समयवाली जाँच का होगा।

शर्व--परन्तु जिसके भावी परिणाम को अभी तुम देख न सके, उसके बल पर तुम कैसे पूर्व कार्य कर सकते हो?

प्रपंच०--आशा पर, जो सृष्टि का रहस्य है। आओ इसका एक प्रत्यक्ष उदाहरण दें। (मदिरा का पात्र भरता है, स्वयं पीकर सबको पिलाता है; चार-बार ऐसा करता है।)

प्रपंच०--क्यों, कैसी कड़वी थी?

शर्व०--उँह, हृदय तक लकीर खिंच गई!

भटार्क--परन्तु अब तो एक आनन्द का स्रोत हृदय में बहने लगा है।

शर्व०--मैं नाचूँ? (उठना चाहता है)

प्रपंच०--ठहरो, मेरे साथ।

(उठकर दोनों नाचते हैं, अकस्मात लड़खड़ाकर प्रपंचबुद्धि गिर पड़ता है, चोट लगती है।)

भटार्क--अरेरे! (सम्हलकर उठाता है)

प्रपंच०--कुछ चिन्ता नहीं।

शर्व०--बड़ी चोट आई।

प्रपंच०--परन्तु परिणाम अच्छा हुआ। तुम लोगों पर भारी विपत्ति आनेवाली थी।

भटार्क--वह टल गई क्या? (आश्चर्य्य से देखता है)

शर्व०--क्यों सेनापति! टल गई?

प्रपंच०--उस विपत्ति का निवारण करने के लिये ही मैंने यह कष्ट सहा। मै तुम लोगों के भूत, भविष्य और वर्तमान का नियामक, रक्षक और द्रष्टा हूँ। जाओ, अब तुम लोग निर्भय हो।

भटार्क--धन्य गुरुदेव!

शर्व०--आश्चर्य!

भटार्क--शंका न करो, श्रद्धा करो; श्रद्धा का फल मिलेगा। शर्व! अब भी तुम विश्वास नहीं करते?

शर्व०--करता हूँ। जो आज्ञा होगी वहीं करूँगा।

प्रपंच०--अच्छी बात है, चलो--

(सब जाते हैं, धातुसेन का प्रवेश)

धातुसेन--मै अभी यहीं रह गया, सिंहल नहीं गया। इस रहस्यपूर्ण अभिनय को देखने की इच्छा बलवती हुई। परन्तु मुद्गल तो अभी नहीं आया, यहीं तो आने को था। (देखता है) लो, वह आ गया!

मुद्गल--क्यों भइया, तुम्हीं धातुसेन हो?

धातु०--(हँसकर) पहचानते नहीं?

मुद्गल--किसीकी धातु पहचानना बड़ा असाधारण कार्य है। तुम किस धातु के हो?

धातु०--भाई, सोना अत्यंत घन होता है, बहुत शीघ्र गरम होता है, और हवा लग जाने से शीतल हो जाता है। मूल्य भी बहुत लगता है। इतने पर भी सिर पर बोझ-सा रहता है। मैं सोना नहीं हूँ, क्योंकि उसकी रक्षा के लिये भी एक धातु की आवश्यकता होती है, वह है 'लोहा'।

मुद्गल--तब तुम लोहे के हो?

धातु०--लोहा बड़ा कठोर होता है। कभी-कभी वह लोहे को भी काट डालता है। उहूँ, भाई! मैं तो मिट्टी हूँ-मिट्टी, जिसमें से सब निकलते हैं। मेरी समझ में तो मेरे शरीर की धातु मिट्टी है, जो किसीके लोभ की सामग्री नहीं, और वास्तव में उसीके लिये सब धातु अस्त्र बनकर चलते हैं, लड़ते है, जलते हैं, टूटते हैं, फिर मिट्टी होते हैं! इसलिये मुझे मिट्टी समझो-धूल समझो। परन्तु यह तो बताओ, महादेवी की मुक्ति के लिये क्या उपाय सोचा?

मुद्गल--मुक्ति का उपाय! अरे ब्राह्मण की मुक्ति भोजन करते हुए मरने में, बनियों की दिवालों की चोट से गिर जाने में, और शूद्रों की--हम तीनों की ठोकरों से मुक्ति-ही-मुक्ति है। महादेवी तो क्षत्राणी है, संभवतः उनकी मुक्ति शस्त्र से होगी।

धातु०--तुमने ठीक सोचा। आज अर्द्धरात्रि में, कारागार में।

मुद्गल--कुछ चिन्ता नहीं, युवराज आ गये हैं।

धातु०--मैं भी प्रस्तुत रहूँगा।

(दोनों जाते हैं)

[पट-परिवर्तन]

[देवकी के राजमन्दिर का बाहरी भाग]

(मदिरोन्मत्त शर्वनाग का प्रवेश)

शर्व०--कादम्ब, कामिनी, कञ्चन-वर्णमाला के पहले अक्षर! करना होगा, इन्हीं के लिये कर्म करना होगा। मनुष्य को यदि इन कवर्गों की चोट नहीं तो कर्म क्यों करे? "कर्म" में एक 'कु' और जोड़ दें। लो, अच्छी वर्णमैत्री होगी!

कादम्ब! ओह प्यास! (प्याले से मदिरा उड़ेलता है) लाल-यह क्या रक्त? आह! कैसी भीषण कमनीयता है! लाल मदिरा लाल नेत्रों से लाल-लाल रक्त देखना चाहती है। किसका? एक प्राणी का, जिसके कोमल मांस में रक्त मिला हो। अरेरे, नहीं, दुर्बल नारी। ऊँह, यह तेरी दुर्बलता है। चल अपना काम देख, देख–सामने सोने को संसार खड़ा है!

(रामा का प्रवेश)

रामा--पामर! सोने की लंका राख हो गई।

शर्व०--उसमें मदिरा न रही होगी सुंदरी!

रामा--मदिरा का समुद्र उफनकर बह रहा था--मदिरा-समुद्र के तट पर ही लंका बसी थी!

शर्व०--तब उसमें तुम-जैसी कोई कामिनी न होगी। तुम कौन हो--स्वर्ग की अप्सरा या स्वप्न की

चुड़ैल?

रामा--स्त्री को देखते ही ढिलमिल हुए, आँखें फाड़कर देखते हैं--जैसे खा जायेंगे! मैं कोई हूँ!

शर्व०--सुंदरी! यह तुम्हारा ही दोष है। तुम लोगो का वेश-विन्यास, आँखों की लुका-चोरी, अंगों का सिमटना, चलने में एक क्रीड़ा; एक कौतूहल, पुकारकर--टोककर कहते हैं--"हमें देखो!" हम क्या करें, देखते ही बनता है!

रामा--दुर्वृत्त मद्यप! तू अपनी स्त्री को भी नही पहचानता है--परस्त्री समझकर उसे छेड़ता है!

शर्व०--(सम्हलकर) अयँ! अरे ओह! मेरी रामा, तुम हो?

रामा०--हाँ, मैं हूँ।

शर्व०--(हँसकर) तभी तो मैं तुमको जानकर ही बोला, नहीं भला मैं किसी परस्त्री से--(जीभ निकालकर कान पकड़ता है)

रामा--अच्छा, यह तो बताओ, कादम्ब पीना कहाँ से सीखा है? और यह क्या बकते थे?

शर्व०--अरे प्रिये! तुमसे न कहूँगा तो किससे कहूँगा, सुनो--

रामा--हाँ हाँ, कहो।

शर्व०--तुमको रानी बनाऊँगा।

रामा--(चौंककर) क्या?

शर्व०--तुम्हें सोने से लाद दूंगा।

रामा--किस तरह?

शर्व०--वह भी बतला दूँ? तम नित्य कहती आती हो कि «तू निकम्मा है, अपदार्थ है, कुछ नहीं है»--तो मैं कुछ कर दिखाना चाहता हूँ!

रामा--अरे कहो भी।

शर्व०--वह पीछे बताऊँगा। आज तुम महादेवी के बंदीगृह में न जाना, समझी न? रामा--(उत्सुकता से) क्यों?

शर्व०--सोना लेना हो, मान लेना हो, तो ऐसा ही करना; क्योंकि आज वहाँ जो कांड होगा, तुम उसे देख न सकोगी। तुम अभी इसी स्थान से लौट जाओ!

रामा--(डरती हुई) क्या करोगे? तुम पिशाच की दुष्कामना से भी भयानक दिखाई देते हो! तुम क्या करोगे? बोलो।

शर्व०--(मद्यपान करता हुआ) हत्या! थोड़ी-सी मदिरा दे, शीघ्र दे, नहीं तो छुरा भोंक दूँगा। ओह, मेरा नशा उखड़ा जा रहा है।

रामा--आज तुम्हें क्या हो गया है! मेरे स्वामी! मेरे......

शर्व०--अभी मैं तेरा कुछ नहीं हूँ। सोना मिलने से हो जाऊँगा, इसीका उद्योग कर रहा हूँ।

(इधर-उधर देखकर, बगल से सुराही निकालकर पीता है)

रामा--ओह! मैं समझ गई! तूने बेच दिया--पिशाच के हाथ तूने अपने को बेच दिया। अहा! ऐसा सुंदर, ऐसा मनुष्योचित मन, कौड़ी के मोल बेच दिया। लोभ-वश मनुष्य से पशु हो गया है। रक्त-पिपासु! क्रूरकर्म्मा मनुष्य! कृतघ्नता की कीच का कीड़ा! नरक की दुर्गंध! तेरी इच्छा कदापि पूर्ण न होने दूँगी। मेरे रक्त के प्रत्येक परमाणु में जिसकी कृपा की शक्ति है, जिसके स्नेह का आकर्षण है,

उसके प्रतिकूल आचरण! वह मेरा पति तो क्या, स्वयं ईश्वर भी हो, नहीं करने पावेगा।

शर्व०--क्या तू--ओ--तूँ..

रामा--हाँ-हाँ, मैं न होने दूँगी। मुझे ही मार ले हत्यारे! मद्यप! तेरी रक्त-पिपासा शान्त हो जाय। परन्तु महादेवी पर हाथ लगाया तो मैं पिशाचिनी-सी प्रलय की काली आँधी बनकर कुचक्रियों के जीवन की काली राख अपने शरीर में लपेटकर तांडव नृत्य करूँगी! मान जा, इसी में तेरा भला है।

शर्व०--अच्छा, तू इसमें विघ्न डालेगी। तू तो क्या, विघ्नों का पहाड़ भी होगा तो ठोकरों से हटा दिया जायगा। मुझे सोना और सम्मान मिलने में कौन बाधा देगा?

रामा--मैं दूँगी। सोना मैं नहीं चाहती, मान मैं नहीं चाहती, मुझे अपना स्वामी अपने उसी मनुष्य-रूप में चाहिये। (पैर पड़ती है) स्वामी! हिंस्र पशु भी जिनसे पाले जाते हैं, उनपर चोट नहीं करते; अरे तुम तो मस्तिष्क रखनेवाले मनुष्य हो।

शर्व०--(ठुकरा देता है) जा, तू हट जा, नहीं तो मुझे एक के स्थान पर दो हत्याएँ करनी पड़ेंगी! मै प्रतिश्रुत हूँ, वचन दे चुका हूँ!

रामा--(प्रार्थना करती हुई) तुम्हारा यह झूठा सत्य है। ऐसी प्रतिज्ञाओं का पालन सत्य नहीं कहा जा सकता; ऐसे धोखे के सत्य लेकर ही संसार में पाप और असत्य बढ़ते हैं। स्वामी! मान जाओ।

शर्व०--ओह, विलंब होता है, तो पहले तू ही ले-- (पकड़ना और मारना चाहता है; रामा शीघ्रता से हाथ छुड़ाकर भाग जाती है।)

(अनंतदेवी, प्रपंचबुद्धि और भटार्क का प्रवेश)

भटार्क--शर्व!

शर्व०--जय हो! मै प्रस्तुत हूँ; परंतु मेरी स्त्री इसमें बाधा डालना चाहती है। मैं पहले उसीको पकड़ना चाहता था, परंतु वह भगी।

अनंतदेवी--सौगन्द है! यदि तू विश्वासघात करेगा तो कुत्तों से नुचवा दिया जायगा।

प्रपंच०--शर्व! तुम तो स्त्री नहीं हो।

शर्व०--नहीं, मैं प्रतिश्रुत हूँ। परंतु......

भटार्क--तुम्हारी पद-वृद्धि और पुरस्कार का प्रमाण-पत्र यह प्रस्तुत है। (दिखाता है) काम हो जाने पर---

शर्व०--तब शीघ्र चलिये, दुष्टा रामा भीतर पहुँच गई होगी।

[सब जाते हैं]

[बंदीगृह में देवकी और रामा]

रामा--महादेवी! मैं लज्जा के गर्त में डूब रही हूँ। मुझे कृतज्ञता और सेवा-धर्म धिक्कार दे रहे हैं। मेरा स्वामी......

देवकी--शांत हो रामा! बुरे दिन कहते किसे हैं? जब स्वजन लोग अपने शील-शिष्टाचार का पालन करें--आत्मसमर्पण, सहानुभूति, सत्पथ का अवलम्बन करें, तो दुर्दिन का साहस नहीं कि उस कुटुम्ब की ओर आँख उठाकर देखे। इसलिये इस कठोर समय में भगवान की स्निग्ध करुणा का शीतल ध्यान कर।

रामा--महादेवी! परन्तु आपकी क्या दशा होगी?

देवकी--मेरी दशा? मेरी लाज का बोझ उसीपर है, जिसने वचन दिया है, जिस विपद्-भंजन की

असीम दया अपना स्निग्ध अञ्चल सब दुखियों के आँसू पोंछने के लिये सदैव हाथ में लिए रहती है।

रामा--परन्तु उसने पिशाच का प्रतिनिधित्व ग्रहण किया है, और...

देवकी--न घबरा रामा! एक पिशाच नहीं, नरक के असंख्य दुर्दान्त प्रेत और क्रूर पिशाचों का त्रास और उनकी ज्वाला दयामय की कृपादृष्टि के एक बिन्द से शान्त होती है।

(नेपथ्य से गाना)

पालना बनें प्रलय की लहरें
शीतल हो ज्वाला की आँधी
करुणा के घन छहरें
दया दुलार में पल भर भी
विपदा पास न ठहरे
प्रभु का हो विश्वास सत्य तो
सुख का केतन फहरे

(भटार्क आदि के साथ अनंतदेवी का प्रवेश)

अनंत०--परन्तु व्यंग की विषज्वाला रक्त-धारा से भी नहीं बुझती देवकी! तुम मरने के लिये प्रस्तुत हो जाओ।

देवकी--क्या तुम मेरी हत्या करोगी?

प्रपंचबुद्धि--हाँ। सद्धर्म्म का विरोधी, हिमालय की निर्जन ऊँची चोटी तथा अगाध समुद्र के अंतस्तल में भी, नहीं बचने पावेगा; और उस महाबलिदान का आरम्भ तुम्ही से होगा। शर्व! आगे बढ़ो।

रामा--एक शर्व नहीं, तुम्हारे-जैसे सैकड़ों पिशाच भी यदि जुटकर आवें, तो आज महादेवी का अंगस्पर्श कोई न कर सकेगा।

(छुरी निकालती है)

शर्व--मैं तेरा स्वामी हूँ रामा! क्या तू मेरी हत्या करेगी?

रामा--ओह! बड़ी धर्म्मबुद्धि जगी है पिशाच को, और यह महादेवी तेरी कौन है?

शर्व०--फिर भी मैं तेरा......

रामा--स्वामी? नहीं-नहीं, तू मेरे स्वामी की नरक-निवासिनी प्रेतात्मा है। तेरी हत्या कैसी--तू तो कभी का मर चुका है।

देवकी--शांत हो रामा! देवकी अपने रक्त के बदले और किसीका रक्त नहीं गिराना चाहती। चल रे रक्त के प्यासे कुत्ते! चल, अपना काम कर।

(शर्व आगे बढ़ता है)

अनंतदेवी--क्यों देवकी! राजसिंहासन लेने की स्पर्धा क्या हुई?

देवकी--परमात्मा की कृपा है कि मैं स्वामी के रक्त से कलुषित सिंहासन पर न बैठ सकी।

भटार्क--भगवान का स्मरण कर लो।

देवकी--मेरे अंतर की करुण कामना एक थीं कि "स्कंद" को देख लूँ। परन्तु तुम लोगों से, हत्यारों से, मैं उसके लिये भी प्रार्थना न करूँगी। प्रार्थना उसी विश्वम्भर के श्रीचरणों में हैं; जो अपनी अनंत दया का अभेद्य कवच पहनाकर मेरे स्कन्द को सदैव सुरक्षित रक्खेगा।

शर्व--अच्छा तो (खड्ग उठाता है, रामा सामने आकर खड़ी हो जाती है) हट जा अभागिनी!

रामा--मूर्ख! अभागा कौन है? जो संसार के सबसे पवित्र धर्म कृतज्ञता को भूल जाता है, और भूल जाता है कि सबके ऊपर एक अटल अदृष्ट का नियामक सर्वशक्तिमान् है; वह या मैं?

शर्व०--कहता हूँ कि अपनी लोथ मुझे पैरों से न ठुकराने दे!

रामा--टुकड़े का लोभी! तू सती का अपमान करे, यह तेरी स्पर्धा? तू कीड़ो से भी तुच्छ है। पहले मैं मरूँगी, तब महादेवी।

अनन्त०--(क्रोध से) तो पहले इसीका अंत करो शर्व। शीघ्रता करो।

शर्व०--अच्छा तो वही होगा। (प्रहार करने पर उद्धत होता है)

(किवाड़ तोड़कर स्कंद भीतर घुस आता है--पीछे मुद्गल और धातुसेन। आते ही शर्वनाग की गर्दन दबाकर तलवार छीन लेता है।)

स्कंद०--(भटार्क से) क्यों रे नीच पशु! तेरी क्या इच्छा है?

भटार्क--राजकुमार! वीर के प्रति उचित व्यवहार होना चाहिये।

स्कंद--तू वीर है? अर्द्धरात्रि में निस्सहाय अबला महादेवी की हत्या के उद्देश से घुसनेवाला चोर ! तुझे भी वीरता का अभिमान है? तो द्वंद्वयुद्ध के लिये आमंत्रित करता हूँ-बचा अपनेको!

(भटार्क दो-एक हाथ चलाकर घायल होकर गिरता है।)

स्कंद०--मेरी सौतेली माँ ! तुम..?

अनंत०---स्कंद ! फिर भी मै तुम्हारे पिता की पत्नी हैं।

(घुटनों के बल बैठकर हाथ जोड़ती हुई)

स्कंद०--अनंतदेवी! कुसुमपुर में पुरगुप्त को लेकर चुपचाप बैठी रहो। जाओ मैं स्त्री पर हाथ नहीं उठाता, परन्तु सावधान! विद्रोह की इच्छा न करना, नहीं तो क्षमा असम्भव है।

"अहा! मेरी माँ!"

देवकी--(आलिंगन करके) आओ मेरे वत्स!

[अवन्ती-दुर्ग का एक भाग; बंधुवर्मा, भीमवम और जयमाला का प्रवेश]

बंधुवर्म्मा--वत्स भीम! बोलो, तुम्हारी क्या सम्मति है?

भीम०--तात! आपकी इच्छा; मैं आपका अनुचर हूँ।

जयमाला--परन्तु इसकी आवश्यकता ही क्या है? उनका इतना बड़ा साम्राज्य है, तब भी क्यों मालव ही के बिना काम न चलेगा ?

बंधु०--देवी! केवल स्वार्थ देखने का अवसर नहीं है। यह ठीक है कि शकों के पतन-काल में पुष्करणाधिपति स्वर्गीय महाराज सिंहवर्म्मा ने एक स्वतंत्र राज्य स्थापित किया, और उनके वंशधर ही उस राज्य के स्वत्वाधिकारी हैं; परन्तु उस राज्य का ध्वंस हो चुका था, म्लेच्छो की सम्मिलित वाहिनी उसे धूल में मिला चुकी थी; उस समय तुम लोगो को केवल आत्म-हत्या का ही अवलम्ब निःशेष था, तब इन्हीं स्कंदगुप्त ने रक्षा की थी। यह राज्य अब न्याय से उन्हीं का है।

भीम०--परन्तु क्या वे माँगते है? बंधु०--नहीं भीम! युवराज स्कंदगुप्त ऐसे क्षुद्र हृदय के नहीं; उन्होंने पुरगुप्त को इस जघन्य अपराध पर भी मगध का शासक बना दिया है। वह तो सिंहासन भी नहीं लेना चाहते।

जयमाला--परन्तु तुम्हारा मालव उन्हे प्रिय है!

बंधु०–देवी, तुम नहीं देखती हो कि आर्य्यावर्त्त पर विपत्ति की प्रलय-मेघवमाला घिर रही है; आर्य्य साम्राज्य के अन्तर्विरोध और दुर्बलता को आक्रमणकारी भलीभांति जान गये हैं। शीघ्र ही देशव्यापी युद्ध की संभावना है। इसलिये यह मेरी ही सम्मति है कि साम्राज्य को सुव्यवस्था के लिये, आर्य्य-राष्ट्र के त्राण के लिये, युवराज उज्जयिनी में रहें। इसमें सबका कल्याण है। आर्य्यावर्त्त का जीवन केवल स्कंदगुप्त के कल्याण से है। और, उज्जयिनी मे साम्राज्याभिषेक का अनुष्ठान होगा, सम्राट होंगे स्कंदगुप्त।

जयमाला--आर्य्यपुत्र! अपना पैतृक राज्य इस प्रकार दूसरों के पदतल में निस्संकोच अर्पित करते हुए हृदय काँपता नहीं है? क्या फिर उन्हीं की सेवा करते हुए दास के समान जीवन व्यतीत करना होगा?

बंधु०--(सिर झुकाकर सोचते हुए) तुम कृतघ्नता का समर्थन करोगी, वैभव और ऐश्वर्य्य के लिये ऐसा कदर्य्य प्रस्ताव करोगी, इसका मुझे स्वप्न में भी ध्यान न था!

जयमाला--यदि होता?

बंधु०--तब मैं इस कुटुम्ब की कमनीय कल्पना को दूर ही से नमस्कार करता और आजीवन अविवाहित रहता। क्षत्रिये! जो केवल खड्ग का अवलंब रखनेवाले है--सैनिक है, उन्हें विलास की सामग्रियों का लोभ नही रहता। सिंहासन पर, मुलायम गद्दों पर लेटने के लिये या अकर्म्मण्यता और शरीर पोषण के लिये क्षत्रियों ने लोहे को अपना आभूषण नहीं बनाया है।

भीम०--भइया! तब?

बंधु-भीम! क्षत्रियों का कर्तव्य है-आर्त्त-त्राण-परायण होना, विपद का हँसते हुए आलिंगन करना, विभीषि काओं की मुसक्या कर अवहेला करना, और--और विपन्नों के लिये, अपने धर्म्म के लिये, देश के लिये प्राण देना!

(देवसेना का सहसा प्रवेश)

देवसेना--भाभी! सर्वात्मा के स्वर में, आत्म-समर्पण के प्रत्येक ताल में, अपने विशिष्ट व्यक्तित्व का विस्मृत हो जाना--एक मनोहर संगीत है। क्षुद्र स्वार्थ, भाभी, जाने दो; भइया को देखो--कैसा उदार, कैसा महान् और कितना-पवित्र!

जयमाला--देवसेना! समष्टि में भी व्यष्टि रहता है। व्यक्तियो से ही जाति बनती है। विश्व प्रेम, सर्वभूत-हित-कामना परम धर्म है; परन्तु इसको अर्थ यह नहीं हो सकता कि अपने पर प्रेम न हो। इस अपने ने क्या अन्याय किया है जो इसका बहिष्कार हो?

बंधु०--ठहरो जयमाला! इसी क्षुद्र ममत्व ने हमको दुष्ट भावना की ओर प्रेरित किया है, इसीसे हम स्वार्थ का समर्थन करते हैं। इसे छोड़ दो जयमाला! इसके वशीभूत होकर हस अत्यन्त पवित्र वस्तुओं से बहुत दूर होते जाते हैं। बलिदान करने के योग्य वह नहीं, जिसने अपना आपा नहीं खोया।

भीम--भाभी! अब तक न करो। समस्त देश के कल्याण के लिये--एक कुटुम्ब की भी नहीं, उसके क्षुद्र स्वार्थों की बलि होने दो। भाभी! हृदय नाच उठा है, जाने दो इस नीच प्रस्ताव को। देखो--हमारा आर्य्यावर्त्त विपन्न है, यदि हम मर-मिटकर भी इसकी कुछ सेवा कर सकें•••••• जयमाला--जब सभी लोगों की ऐसी इच्छा है, तब मुझे क्या।

बंधु०--तब मालवेश्वरी की जय हो! तुम्ही इस सिंहासन पर बैठो। बंधुवर्मा तो आज से आर्य्य-साम्राज्य-सेना का एक साधारण पदातिक सैनिक है। तुम्हें तुम्हारा ऐश्वर्य सुखद हो।

(जाना चाहता है)

भीम०--ठहरो भइया, हम भी चलते है।

चक्रपालित--(प्रवेश करके)--धन्य वीर! तुमने क्षत्रिय का सिर ऊँचा किया है। बंधुवर्मा! आज तुम महान् हो, हम तुम्हारा अभिनन्दन करते हैं। रण में, वन में, विपत्ति में, आनन्द में, हम सब सम्भागी होगे। धन्य तुम्हारी जननी जिसने आर्य्यराष्ट्र का ऐसा शूर सैनिक उत्पन्न किया।

बंधु०--स्वागत चक्र! मालवेश्वरी की जय हो! अब हम सब सैनिक जाते हैं!

चक्र०--ठहरो बंधु! एक सुखद समाचार सुन लो। पिताजी का अभी-अभी पत्र आया है कि सौराष्ट्र के शकों को निर्मूल करके परम भट्टारक मालव के लिये प्रस्थान कर चुके है।

बंधु०--संभवतः महाराजपुत्र उत्तरापथ की सीमा की रक्षा करेंगे।

चक्र०--हाँ बंधु!

देवसेना--चलो भाई, मै भी तुम लोगों की सेवा करूँगी।

जयमाला--(घुटने टेककर) मालवेश्वर की जय हो! प्रजा ने अपराध किया है, दंड दीजिये। पतिदेव! आपकी दासी क्षमा माँगती है। मेरी आँखें खुल गईं। आज हमने जो राज्य पाया है, वह विश्व-साम्राज्य से भी ऊँचा है-महान् है। मेरे स्वामी और ऐसे महान्! धन्य हूँ मैं••••••

[बंधुवर्मा सिर पर हाथ रखता है]

[पथ में भटार्क और उसकी माता]

कमला-- तू मेरा पुत्र है कि नहीं?

भटार्क--- माँ! संसार में इतना ही तो स्थिर सत्य है, और मुझे इतने ही पर विश्वास है। संसार के समस्त लांछनों का मैं तिरस्कार करता हूँ, किस लिये? केवल इसीलिये कि तू मेरी माँ है, और वह जीवित है।

कमला-- और मुझे इसका दुःख है कि मैं मर क्यों न गई; मैं क्यों अपने कलङ्क-पूर्ण जीवन को पालती रही। भटार्क! तेरी माँ को एक ही आशा थी कि पुत्र देश का सेवक होगा, म्लेच्छों से पददलित भारतभूमि का उद्धार करके मेरा कलङ्क धो डालेगा; मेरा सिर ऊँचा होगा। परंतु हाय!

भटार्क-- माँ! तो तुम्हारी आशाओं के मैने विफल किया? क्या मेरी खड्गलता आग के फूल नहीं बरसाती? क्या मेरे रण-नाद वज्र-ध्वनि के समान शत्रु के कलेजे नहीं कँपा देते? क्या तेरे भटार्क का लोहा भारत के क्षत्रिय नहीं मानते?

कमला-- मानते हैं, इसीसे तो और ग्लानि है।

भटार्क-- घर लौट चलो माँ! ग्लानि क्यों है?

कमला-- इसलिये कि तू देशद्रोही है। तू राजकुल की शांति का प्रलय-मेघ बन गया, और तू साम्राज्य के कुचक्रियों में से एक है। ओह! नीच! कृतघ्न!! कमला कलङ्किनी हो सकती है, परंतु यह नीचता, कृतघ्नता, उसके रक्त मे नहीं। (रोती है)

(विजया का प्रवेश)

विजया-- माता! तुम क्या रो रही हो? (भटार्क की ओर देख कर) और यह कौन है? क्यों जी! तुमने इस वृद्धा को क्यों अपमान किया है?

कमला-- देवी! यह मेरा पुत्र था।

विजया-- था! क्या अब नहीं?

कमला-- नहीं, इसने महाबलाधिकृत होने की लालच में अपने हाथ-पैर पाप-श्रृंखला में जकड़ दिये; अब फिर भी उज्जयिनी में आया है-- किसी षड्यन्त्र के लिये!

विजया-- कौन, तुम महाबलाधिकृत भटार्क हो? और तुम्हारी माता की यह दीन दशा!

कमला-- ना बेटी! उससे कुछ मत कहो, मैं स्वयं इसका ऐश्वर्य्य त्यागकर चली आई हूँ। महाकाल के मंदिर में भिक्षाग्रहण करके इसी उज्जयिनी में पड़ी रहूँगी, परंतु इससे•••

भटार्क-- माँ! अब और न लज्जित करो। चलो--घर चलूँ।

विजया-- (स्वगत) अहा! कैसी वीरत्व-व्यंजक मनोहर मूर्ति है। और गुप्त-साम्राज्य का महाबलाधिकृत!

कमला-- इस पिशाच ने छलना के लिये रूप बदला है। सम्राट का अभिषेक होनेवाला है, यह उसीसे कोई प्रपञ्च रचने आया है। मेरी कोई न सुनेगा, नहीं तो मैं स्वयं इसे दंडनायक को समर्पित कर देती।

(सहसा मातृगुप्त, मुद्गल और गोविन्दगुप्त का प्रवेश)

""कौन! भटार्क? अरे यहाँ भी!!"

(भटार्क तलवार निकालता है, गोविन्दगुप्त उसके हाथ से तलवार छीन लेते हैं।)

मुद्गल--महाराजपुत्र गोविन्दगुप्त की जय!

गोविन्द०--कृतघ्न! वीरता उन्माद नहीं है, आँधी नहीं है, जो उचित-अनुचित का विचार न करती हो। केवल शस्त्र-बल पर टिकी हुई वीरता बिना पैर की होती है। उसकी दृढ़ भित्ति है--न्याय। तू उसे कुचलने पर सिर ऊँचा उठाकर नहीं रह सकता है। मातृगुप्त! बन्दी करो इसे।

"और तुम कौन हो भद्रे?"

कमला--मैं इस कृतघ्न की माता हूँ। अच्छा हुआ, मैं तो स्वयं यही विचार करती थी।

गोविन्द०--यह तो मैंने अपने कानों से सुना। धन्य हो देवी! तुम-जैसी जननियाँ जब तक उत्पन्न होंगी, तब तक आर्य्य-राष्ट्र का विनाश असम्भव है।

"और यह युवती कौन है?"

कमला--मुझे सहायता देती थी, कोई अभिजात कुल की कन्या है। इसका कोई अपराध नहीं।

मुद्गल--अरे राम! यह भी अवश्य कोई भयानक स्त्री होगी!

मातृगुप्त--परंतु यह अपना कोई परिचय भी नहीं दे रही है!

विजया--मैं अपराधिनी हूँ; मुझे भी बंदी करो।

भटार्क--यह क्यों, इस युवती से तो मैं परिचित भी नहीं हूँ; इसका कोई अपराध नहीं।

विजया--(स्वगत) ओह! इस आनंद-महोत्सव में मुझे कौन पूछता है, मै मालव में अब किस काम की हूँ! जिसके भाई ने समस्त राज्य अर्पण कर दिया है--वह देवसेना और कहाँ मैं! तब तो मेरा यही... (भटार्क की ओर देखती है)

गोविन्द०--भद्रे! तुम अपना स्पष्ट परिचय दो।

विजया--मैं अपराधिनी हूँ।

मातृगुप्त--परंतु तुम्हारा और भी कोई परिचय है?

विजया--यही कि मै बन्दी होने की अभिलाषिनी हूँ।

कमला--वत्से! तुम अकारण क्यों दुःख उठाती हो?

विजया--मेरी इच्छा। मुझे बंदी कीजिये। मैं अपना परिचय न्यायाधिकरण में दूँगी। यहाँ मै कुछ न कहुँगी। मेरा यहाँ अपमान किया जायगा तो आर्य्यराष्ट्र के नाम पर मैं तुम लोगों पर अभियोग लगाऊँगी।

गोविंद०--क्यों भटार्क! यदि तुम्हीं कुछ कहते--

भटार्क--मैं कुछ नही जानता कि यह कौन है। मुझे भी विलम्ब हो रहा है, शीघ्र न्यायाधिकरण में ले चलिये।

मुद्गल--और वृद्धा कमला?

गोविन्द०--वह बंदी नहीं है, परंतु एक बार स्कंद के समक्ष उसे चलना होगा।

मातृगुप्त--तो फिर सब चलें, अभिषेक का समय भी समीप है।

[सब जाते हैं]

[राजसभा]

(बंधुवर्मा, भीमवर्म्मा, मातृगुप्त तथा मुद्गल के साथ स्कंदगुप्त का एक ओर से और दूसरी ओर से गोविंदगुप्त का प्रवेश।)

स्कन्द०--(बीच में खड़ा होकर) तात! कहाँ थे? इस बालक पर अकारण क्रोध करके कहाँ छिपे थे?

(चरण-वंदन करता है)

गोविन्द०--उठो वत्स! आर्य्य चन्द्रगुप्त की अनुपम प्रतिकृति! गुप्तकुल-तिलक! भाई से मैं रूठ गया था, परन्तु तुमसे कदापि नहीं; तुम मेरो आत्मा हो वत्स! (आलिङ्गन करता है। अनुचरियों के साथ देवकी का प्रवेश, स्कंद देवकी का चरणवन्दन करता है।)

देवकी--वत्स! चिरविजयी हो! देवता तुम्हारे रक्षक हों। महाराजपुत्र! इसे आशीर्वाद दीजिये कि गुप्तकुल के गुरुजनों के प्रति यह सदैव विनयशील रहे।

गोविन्द०--महादेवी! तुम्हारी कोख से पैदा हुआ यह रत्न, यह गुप्तकुल के अभिमान का चिन्ह, सदैव यशोभिमंडित रहेगा!

स्कन्द०--(बंधुवर्म्मा से) मित्र मालवेश! बढ़ो, सिंहासन पर बैठो! हम लोग तुम्हारा अभिनंदन करें।

(जयमाला और देवसेना का प्रवेश)

जयमाला--देव ! यह सिंहासन आपका है, मालवेश का इसपर कोई अधिकार नहीं। आर्य्यावर्त्त के सम्राट् के अतिरिक्त अब दूसरा कोई मालव के सिंहासन पर नहीं बैठ सकता।

("मालव की जय हो!"--तुमुल ध्वनि)

बंधुवर्म्मा-- (हँसकर) सम्राट्! अब तो मालवेश्वरी ने स्वयं सिंहासन त्याग दिया है, और मैं उन्हें दे चुका था, इसलिये अब सिंहासन ग्रहण करने में विलम्ब न कीजिये।

गोविन्द०-- वत्स! इन आर्य्य-जाति के रत्नों की कौन-सी प्रशंसा करूँ। इनका स्वार्थ-त्याग दधीचि के दान से कम नहीं। बढ़ो वत्स! सिंहासन पर बैठो, मैं तुम्हारा तिलक करूँ।

स्कंद०-- तात! विपत्तियों के बादल घिर रहे हैं; अन्तर्विद्रोह की ज्वाला प्रज्वलित है; इस समय मैं केवल एक सैनिक बन सकूँगा, सम्राट नहीं।

गोविन्दगुप्त-- आज आर्य्य-जाति का प्रत्येक बच्चा सैनिक है, सैनिक छोड़कर और कुछ नहीं। आर्य्य-कन्याएँ अपहरण की जाती हैं; हूणों के विकट तांडव से पवित्र भूमि पादाक्रांत है; कहीं देवता

की पूजा नहीं होती; सीमा की बर्बर जातियो की राक्षसी वृत्ति का प्रचंड पाखंड फैला है। इसी समय जाति तुम्हें पुकारती है--सम्राट होने के लिये नहीं, उद्धार युद्ध में सेनानी बनने के लिये--सम्राट्!

(गोविन्दगुप्त और बन्धुवर्म्मा हाथ पकड़कर स्कन्दगुप्त को सिंहासन पर बैठाते है। भीम छत्र लेकर बैठता है। देवसेना चमर करती है। गरुड्ध्वज लेकर बंधुवर्म्मा खड़े होते हैं। देवकी राजतिलक करती है। गोविन्दगुप्त खड्ग का उपहार देते हैं। चक्र गरुड़ांक राजदण्ड देता है।)

गोविन्दगुप्त-- परम भट्टारक महाराजाधिराज स्कंदगुप्त की जय हो! सब-- (समवेत स्वर से) जय हो!

बन्धु०-- आर्य-साम्राज्य के महाबलाधिकृत महाराजपुत्र गोविन्दगुप्त की जय हो! (सब वैसा ही कहते हैं)

स्कंदु०--आर्य्य! इस गुरुभार उत्तरदायित्व का सत्य से पालन कर सकूँ, और आर्य्यराष्ट्र की रक्षा में सर्वस्व-अर्पण कर सकूँ, आप लोग इसके लिये भगवान से प्रार्थना कीजिये और आशीर्वाद दीजिये कि स्कंदगुप्त अपने कर्त्तव्य से, स्वदेशसेवा से, कभी विचलित न हो।

गोविन्द०-- सम्राट्! परमात्मा की असीम अनुकम्पा से आपका उद्देश सफल हो। आज गोविन्द ने अपना कर्तव्य-पालन किया। वत्स बंधुवर्म्मा! तुम इस नवीन आर्य्यराष्ट्र के संस्थापक हो। तुम्हारे इस आत्मत्याग की गौरव-गाथा आर्य्य-जाति का मुख उज्ज्वल करेगी। वीर! इस वृद्ध में साम्राज्य के महाबलाधिकृत होने की क्षमता नहीं, तुम्हीं इसके उपयुक्त हो।

बंधु०-- अभी नही आर्य्य! आपके चरणों में बैठकर यह बालक स्वदेश-सेवा की शिक्षा ग्रहण करेगा। मालव का राजकुटुम्ब, एक-एक बच्चा, आर्य्य-जाति के कल्याण के लिये जीवन उत्सर्ग करने को प्रस्तुत है। आप जो आज्ञा देंगे, वही होगा।

"धन्य! धन्य!"

स्कंद०-- तात! पर्णदत्त इस समय नहीं हैं!

चक्र०-- सम्राट्! वह सौराष्ट्र की चञ्चल राष्ट्रनीति की देखरेख में लगे हैं।

(कुमारदास का प्रवेश)

मातृगुप्त-- सिंहल के युवराज कुमार धातुसेन की जय हो!

(सब आश्चर्य्य से देखते हैं)

स्कंद०-- कुमारदास, सिंहल के युवराज?

मातृगुप्त-- हाँ महाराजाधिराज!

स्कंद०-- अद्त! वीर युवराज! तुम्हारा स्नेह क्या कभी भूल सकता हूँ? आओ, स्वागत!

(सब मंच पर बैठते हैं)

गोविन्द०-- बन्दियों को ले आओ।

(सैनिकों के साथ भटार्क, शर्वनाग, विजया तथा कमला का प्रवेश)

स्कंद-- क्यों शर्व! तुम क्या चाहते हो?

शर्व०-- सम्राट्! मुझे वध की आज्ञा दीजिये, ऐसे नीचे के लिये और कोई दंड नहीं है।

स्कंद°-- नहीं, मैं तुम्हें इससे भी कड़ा दंड दूँगा, जो वध से भी उग्र होगा।

शर्व०-- वही हो सम्राट्! जितनी यंत्रणा से यह पापी प्राण निकाला जाय, उतना ही उत्तम होगा।

स्कंद°-- परन्तु मैं तुम्हे मुक्त करता हूँ, क्षमा करता हूँ। तुम्हारे अपराध ही तुम्हारे मर्मस्थल पर सैकड़ों बिच्छुओं के डंक की चोट करेंगे। आजीवन तुम उसी यंत्रणा को भोगो, क्योकि रामा--साध्वी रामा--को मैं अपनी आज्ञा से विधवा न बनाऊँगा। रामा सती! तेरे पुण्य से आज तेरा पति मृत्यु से बचा!

(रामा सम्राट् का पैर पकड़ती है)

शर्व०-- दुहाई सम्राट् की! मुझे वध की आज्ञा दीजिये, नहीं तो आत्महत्या करूँगा। ऐसे देवता के प्रति मैंने दुराचरण किया था। ओह! (छुरी निकालना चाहता है)

स्कंद०-- ठहरो शर्व! मैं तुम्हें आजीवन बन्दी बनाऊँगा।

(रामा आश्चर्य और दुःख से देखती है)

स्कंद०-- शर्व! यहाँ आओ।

(शर्व समीप आता है)

देवकी-- वत्स! इसे किसी विषय का शासक बनाकर भेजो, जिसमें दुखिया रामा को किसी प्रकार का कष्ट न हो।

सब-- महादेवी की जय हो!

स्कंद०-- शर्व! तुम आज से अन्तर्वेद के विषयपति नियत किये गये। यह लो--(खड्ग देता है)

शर्व-- (रूद्ध कंठ से) सम्राट्! देवता! आपकी जय हो! (देवकी के पैर पर गिरकर) माँ! मुझे क्षमा करो, मैं मनुष्य से पशु हो गया था! अब तुम्हारी ही दया से मैं मनुष्य हुआ। आशीर्वाद दो जगद्धात्री कि मैं देव-चरणों में आत्मबलि देकर जीवन सफल करूँ!

देवकी-- उठो। क्षमा पर मनुष्य का अधिकार है, वह पशु के पास नहीं मिलती। प्रतिहिंसा पाशव धर्म है। उठो, मैं तुम्हें क्षमा करती हूँ।

(शर्व खड़ा होता है)

स्कंद०-- भटार्क! तुम इस गुप्त-साम्राज्य के महाबलाधिकृत नियत किये गये थे, और तुम्हीं साम्राज्य-लक्ष्मी महादेवी की हत्या के कुचक्र में सम्मिलित हो! यह तुम्हारा अक्षम्य अपराध है।
भटार्क०-- मैं केवल राजमाता की आज्ञा का पालन करता था

देवकी-- क्यों भटार्क! तुम यह उत्तर सच्चे हृदय से देते हो? क्या ऐसा कहकर तुम स्वयं अपनेको धोखा देते हुए औरों को भी प्रत नहीं कर रहे हो?

भटार्क-- अपराध हुआ। (सिर नीचा कर लेता है)

स्कन्द०-- तुम्हारे खड्ग पर साम्राज्य को भरोसा था। तुम्हारे हृदय पर तुम्हीं को भरोसा न रहे, यह बड़े धिक्कार की बात है। तुम्हारा इतना पतन? (भटार्क स्तब्ध रहता है। विजया की ओर देखकर) और तुम विजया? तुम क्यों इसमें--

देवसेना-- सम्राट्! विजया मेरी सखी है।

विजया-- परंतु मैंने भटार्क को वरण किया है।

जयमाला-- विजया!

विजया-- कर चुकी देवी!

देवसेना-- उसके लिये दूसरा उपाय न था राजाधिराज! प्रतिहिंसा मनुष्य को इतना नीचे गिरा सकती है! परंतु विजया, तूने शीघ्रता की।

(स्कंद विजया की ओर देखते हुए विचार में पड़ जाता है)

गोविन्द०-- यह वृद्धा इसी कृतघ्न भटार्क की माता है। भटार्क के नीच कर्मों से दुखी होकर यह उज्जयिनी चली आई है।

स्कंद०-- परंतु विजया, तुमने यह क्या किया?

देवसेना--(स्वगत) आह! जिसकी मुझे आशंका थी, वही है। विजया! आज तू हारकर भी जीत गई।

देवकी--वत्स! आज तुम्हारे शुभ महाभिषेक में एक बूंद भी रक्त न गिरे। तुम्हारी माता की भी यह मंगल-कामना है कि तुम्हारा शासन-दंड क्षमा के संकेत पर चला करे। आज मैं सबके लिये क्षमाप्रार्थिनी हूँ।

कुमारदास--आर्यनारी सती! तुम धन्य हो! इसी गौरव से तुम्हारे देश का सिर ऊँचा रहेगा।

स्कंद०--जैसी माता की इच्छा--

मातृगुप्त--परमेश्वर परम भट्टारक महाराजाधिराज स्कंदगुप्त की जय!!

[यवनिका]

तृतीय अंक

[शिप्रा-तट]

प्रपंचबुद्धि--सब विफल हुआ! इस दुरात्मा स्कन्दगुप्त ने मेरी आशाओं के भंडार पर अर्गला लगा दी। कुसुमपुर में पुरगुप्त और अनन्तदेवी अपने विडम्बना के दिन बिता रहे हैं। भटार्क भी बन्दी हुआ, उसके प्राणों की रक्षा नहीं। क्रूर कर्मों की अवतारणा से भी एक बार सद्धर्म्म के उठाने की आकांक्षा थी, परन्तु वह दूर गया! (कुछ सोचकर) उग्रतारा की साधना से विकट से भी विकट कार्य्य सिद्ध होते है, तो फिर इस महाकाल में महाश्मशान से बढ़कर कौन उपयुक्त स्थान होगा! चलूँ--

(जाना चाहता है; भटार्क का प्रवेश)

भटार्क--भिक्षुशिरोमणे! प्रणाम्!

प्रपंच०--कौन, भटार्क? अरे मै स्वप्न देख रहा हूँ क्या!

भटार्क--नहीं आर्य्य, मैं जीवित हूँ।

प्रपंच०--उसने तुम्हें शूली पर नहीं चढ़ाया?

भटार्क--नही, उससे बढ़कर!

प्रपंच०--क्या?

भटार्क--मुझे अपमानित करके क्षमा किया। मेरी वीरता पर एक दुर्वह उपकार का बोझ लाद दिया। प्रपंच°-- तुम मूर्ख हो। शत्रु से बदला लेने का उपाय करना चाहिये, न कि उसके उपकारो का स्मरण।

भटार्क-- मैं इतना नीच नहीं हूँ।

प्रपंच०-- परंतु मै तुम्हारी प्रवृत्ति जानता हूँ। तुम इतने, उच्च भी नहीं हो। चलो एकान्त में बात करें। कोई आता है।

(दोनों जाते है)

(विजया का प्रवेश)

विजया-- मैं कहाँ जाऊँ! उस उच्छृंखल वीर को मैं लौहश्रृंखला पहना सकूँगी? उसे अपने बाहु-पाश में जकड़ सकती हूँ? हृदय के विकल मनोरथ! आह!

(गान)

उमड़कर चली भिगोने आज
तुम्हारा निश्चल अञ्चल छोर
नयन-जल-धारा रे प्रतिकूल!
देख ले तू फिरकर इस ओर
हृदय की अन्तरतम मुसक्यान

कल्पनामय तेरा यह विश्व
लालिमा में लय हो लवलीन
निरखते इन आँखों की कोर

यह कौन? ओ! राजकुमारी!

(देवसेना का प्रवेश--दूर पर उसकी परिचारिकाएँ)

देवसेना-- विजया! सायंकाल का दृश्य देखने शिप्रातट पर तुम भी आ गई हो!

विजया--हाँ राजकुमारी ! (सिर झुका लेती है)

देवसेना--विजया, अच्छा हुआ, तुमसे भेंट हो गई; मुझे कुछ पूछना था।

विजया--पूछना क्या है ?

देवसेना--क्या जो तुमने किया है, उसे सोच-समझकर ? कहीं तुम्हारे दम्भ ने तुमको छल तो नहीं लिया ? तीव्र मनोवृत्ति के कशाधत ने तुम्हें विपथगामिनी तो नहीं बना दिया ?

विजया--राजकुमारी ! मैं अनुगृहीत हूँ। उस कृपा को नहीं भूल सकती जो आपने दिखाई है। परन्तु अब और प्रश्न करके मुझे उत्तेजित करना ठीक नहीं।

देवसेना--(आश्चर्य से) क्यों विजया ! मेरे सखी-जनोचित सरल प्रश्न में भी तुम्हें व्यंग्य सुनाई पड़ता है ?।

विजया--क्या इसमें भी प्रमाण की आवश्यकता है ? राजकुमारी ! आज से मेरी ओर देखना मत। मुझे कृत्या अभिशाप की ज्वाला समझना और ......

देवसेना--ठहरो, दम ले लो ! संदेह के गर्त में गिरने के पहले विवेक का अवलम्बन ले लो विजया !

विजया--हताश जीवन कितना भयानक होता है-यह नहीं जानती हो ? उस दिन जिस तीखी छुरी को रखने के लिये मेरी हँसी उड़ाई जा रही थी, मैं समझती हूँ कि उसे रख लेना मेरे लिये आवश्यक था। राजकुमारी ! मुझे न छेड़ना। मैं तुम्हारी शत्रु हूँ। (क्रोध से देखती है) देवसेना-- (आश्चर्य से) क्या कह रही हो?

विजया-- वही जिसे तुम सुन रही हो।

देवसेना-- वह तो जैसे उन्मत्त का प्रलाप था, अकस्मात् स्वप्न देखकर जग जानेवाले प्राणी की कुतूहल-गाथा थी। विजया! क्या मैंने तुम्हारे सुख में बाधा दी? परन्तु मैंने तो तुम्हारे मार्ग को स्वच्छ करने के सिवा रोड़े न व बिछाये।

विजया-- उपकारों की ओट से मेरे स्वर्ग को छिपा दिया, मेरी कामना-लता को समूल उखाड़कर कुचल दिया!

देवसेना-- शीघ्रता करनेवाली स्त्री! अपनी असावधानी का दोष दूसरे पर न फेंक। देवसेना मूल्य देकर प्रणय नहीं लिया चाहती है......। अच्छा, इससे क्या?

(जाती है)

विजया-- जाती हो, परन्तु सावधान!

(भटार्क और प्रपंचबुद्धि का प्रवेश)

भटार्क-- विजया! तुम कब आई हो?

विजया-- अभी-अभी; तुम्हीं की तो खोज रही थी। (प्रपंचबुद्धि को देखकर) आप कौन है?

भटार्क-- 'योगाचार-संघ" के प्रधान श्रमण आर्य्य प्रपंचबुद्धि।

(विजया नमस्कार करती है)

प्रपंच०-- कल्याण हो देवि! भटार्क से तो तुम परिचित-सी हो, परन्तु मुझे भी जान जाओगी।
विजया-- आर्य्य! आपके अनुग्रह-लाभ की बड़ी आकांक्षा है।

प्रपंच-- शुभे! प्रज्ञापारमिता-स्वरूपा तारा तुम्हारी रक्षा करे! क्या तुम सद्धर्म की सेवा के लिये
कुछ उत्सर्ग कर सकोगी? (कुछ सोचकर) तुम्हारे मनोरथ पूर्ण होने में विघ्न और विलम्ब है। इसी लिये
तुम्हें अवश्य धर्माचरण करना होगा।

विजया-- आर्य्य! मेरा भी एक स्वार्थ है।

प्रपंच-- क्या?

विजय-- राजकुमारी देवसेना का अन्त!

प्रपंच०-- और मुझे उग्रतारा की साधना के लिये महाश्मशान में एक राजबलि चाहिये!

भटार्क-- यह तो अच्छा सुयोग है!

विजया-- उसे शमशान तक ले आना तो मेरा काम है; आगे मैं कुछ न कर सकूँगी।

प्रपंच-- सब हो जायगा। उग्रतारा की कृपा से सब कुछ सुसम्पन्न होगा।

भटार्क-- परन्तु मैं कृतघ्नता से कलंकित होऊँगा, और स्कन्दगुप्त से मै किस मुँह से.....नहीं,
नहीं......

प्रपंच०-- सावधान भटार्क! अलग ले जाकर इतना समझाया, फिर भी ... तुम पहले अनन्तदेवी
और पुरगुप्त से प्रतिश्रुत हो चुके हो।

भटार्क-- ओह! पाप-पङ्क में लिप्त मनुष्य को छुट्टी नही! कुकर्म उसे जकड़कर अपने नागपाश में
बाँध लेता है। दुर्भाग्य! मातृगुप्त-- (निकलकर) भयानक कुचक्र! एक निर्मल कुसुम-कली को कुचलने
के लिये इतनी बड़ी प्रतारणा की चक्की! मनुष्य! तुझे हिंसा का उतना ही लोभ है, जितना एक भूखे
भेड़िये को! तब भी तेरे पास उससे कुछ विशेष साधन हैं-- छल, कपट, विश्वासघात, कृतघ्नता, और
पैने अस्त्र। इनसे भी चढ़कर प्राण लेने की कलाकुशलता। देखा जायगा; भटार्क! तुम जाते कहाँ हो?

[जाता है]

[शमशान में साधक-रूप से प्रपंचबुद्धि। दूर से स्कंदगुप्त टहलता हुआ आता है।]

स्कंद०-- इस साम्राज्य को बोझ किसके लिये? हृदय में अशान्ति, राज्य में अशान्ति, परिवार
में अशान्ति! केवल मेरे अस्तित्व से? मालूम होता है कि सबकी-विश्व-भर की-शान्तिरजनी मे मै ही
धूमकेतु हूँ, यदि मैं न होता तो यह संसार अपनी स्वाभाविक गति से, आनन्द से, चला करता। परन्तु
मेरा तो निज का कोई स्वार्थ नहीं, हृदय के एक-एक कोने को छान डाला--कहीं भी कामना की वन्या
नही। बलवती आशा की आँधी नहीं चल रही है। केवल गुप्त-सम्राट् के वंशधर होने की दयनीय दशा
ने मुझे इस रहस्य-पूर्ण क्रिया-कलाप में संलग्न रक्खा है। कोई भी मेरे अंतःकरण का आलिङ्गन करके
न रो सकता है, और न तो हँस सकता है। तब भी विजया...? ओह! उसे स्मरण करके क्या होगा। जिसे
हमने सुख-शर्वरी की सन्ध्यातारा के समान पहले देखा, वही उल्कापिंड होकर दिगन्त-दाह करना
चाहती है। विजया! तूने क्या किया! (देखकर) ओह! कैसा भयानक मनुष्य है! कैसी क्रूर आकृति है!
मूर्तिमान पिशाच है! अच्छा, मातृगुप्त तो अभी तक नही आया। छिपकर देखूँ।

(छिपता है)

(विजया के साथ देवसेना का प्रवेश)

देवसेना-- आज फिर तुम किस अभिप्राय से आई हो?

विजया-- और तुम राजकुमारी? क्या तुम इस महा-वीभत्स श्मशान में आने से नहीं डरती हो ?

देवसेना-- संसार का मूक शिक्षक "श्मशान" क्या डरने की वस्तु है? जीवन की नश्वरता के साथ ही सर्वात्मा के उत्थान का ऐसा सुन्दर स्थल और कौन है?

(नेपथ्य से गान)

सब जीवन बीता जाता है।
धूप-छाँह के खेल-सदृश। सब०

समय भागता है प्रतिक्षण में
नव-अतीत के तुषार-कण में
हमें लगाकर भविष्य-रण में
आप कहाँ छिप जाता है?--सब०

बुल्ले, लहर, हवा के झोंके
मेघ और बिजली को टोके
किसका साहस है कुछ रोके
जीवन का वह नाता है।--सब०

वंशी को बस बज जाने दो
मीठी मीड़ों को आने दो
आँख बन्द करके गाने दो
जो कुछ हमको आता है।--सब०

विजया-- (स्वगत) भाव-विभोर दूर की रागिनी सुनती हुई यह कुरंगी-सी कुमारी......आह! कैसा भोला मुखड़ा है! नहीं, नहीं विजया! सावधान! प्रतिहिंसा......(प्रकट) राजकुमारी! देखो, यह कोई बड़ा सिद्ध है, वहाँ तक चलोगी?

देवसेना--चलो, परन्तु मुझे सिद्धी से क्या प्रयोजन? जब मेरी कामनाएँ विस्मृति के नीचे दबा दी गई हैं, तब वह चाहे स्वयं ईश्वर ही हो तो क्या? तब भी एक कुतूहल है; चलो--

(विजया देवसेना को आगे कर प्रपंचबुद्धि के पास ले जाती है, और आप हट जाती है। ध्यान से आँख खोलकर प्रपंच उसे देखता है।)

प्रपंच०--तुम्हारा नाम देवसेना है?

देवसेना--(आश्चर्य से) हाँ भगवन्!

प्रपंच०--तुमको देवसेवा के लिये शीघ्र प्रस्तुत होना होगा। तुम्हारी ललाट-लिपि कह रही है कि तुम बड़ी भाग्यवती हो!

देवसेना--कौन-सी देवसेवा?

प्रपंच०--यह नश्वर शरीर, जिसका उपभोग तुम्हारा प्रेमी भी न कर सका और न करने की आशा है, देवसेवा में अर्पित करो! उग्रतारा तुम्हारा परम मङ्गल करेगी।

देवसेना--(सिहर उठती है) क्या मुझे अपनी बलि देनी होगी? (घूमकर देखती है) विजया! विजया!!

प्रपंच०--डरो मत, तुम्हारा सृजन इसीलिये था। नित्य की मोह-ज्वाला में जलने से तो यही अच्छा है कि तुम एक साधक का उपकार करती हुई अपनी ज्वाला शांत कर दो!

देवसेना--परन्तु••••••कापालिक! एक और भी आशा मेरे हृदय में है। वह पूर्ण नहीं हुई है। मैं

डरती नहीं हूँ, केवल उसके पूर्ण होने की प्रतीक्षा है। विजया के स्थान को मैं कदापि न ग्रहण करूँगी! उसे भ्रम है, यदि वह छूट जाता······ प्रपंच°-- (उठकर उसका हाथ पकड़कर खड्ग उठाता है) परन्तु मुझे ठहरने का अवकाश नहीं। उग्रतारा की इच्छा पूर्ण हो!

देवसेना--प्रियतम! मेरे देवता युवराज!! तुम्हारी जय हो!

(सिर झुकाती है)

[पीछे से मातृगुप्त आकर प्रपंच का हाथ पकड़कर नेपथ्य में ले जाता है,
देवसेना चकित होकर स्कंद का आलिङ्गन करती है!]

[मगध में अनंतदेवी, पुरगुप्त, विजया और भटार्क]

पुरगुप्त-- विजय-पर-विजय! देखता हूँ कि एक बार वंक्षुतट पर गुप्तसाम्राज्य की पताका फिर फहरायगी। गरुड़ध्वज वंक्षु के रेतीले मैदान में अपनी स्वर्ण-प्रभा का विस्तार करेगा।

अनन्त°-- परन्तु तुमको क्या? निर्वीर्य, निरीह बालक! तुम्हें भी इसकी प्रसन्नता है? लज्जा के गर्त में डूब ही जाते। और भी छाती फुलाकर इसका आनन्द मनाते हो!

विजया-- अहा! यदि आज राजाधिराज" कहकर युवराज पुरगुप्त का अभिनन्दन कर सकती!

भटार्क-- यदि मैं जीता रहा तो वह भी कर दिखाऊँगा!

(दौवारिक का प्रवेश)

दौवारिक-- जय हो! एक चर आया है। भटार्क-- ले आओ।

(दौवारिक जाकर चर को लिवा लाता है)

चर-- युवराज की जय हो!

भटार्क-- तुम कहाँ से आये हो?

चर-- नगरहार के हूण-स्कंधावार से।

भटार्क-- क्या संदेश है?

चर-- सेनापति खिङ्गिल ने पूछा है कि मगध की गुप्तपरिषद् क्या कर रही है? उसने प्रचुर अर्थ लेकर भी मुझे ठीक समय पर धोखा दिया है। परन्तु स्मरण रहे कि अबको हमारा अभियान सीधे कुसुमपुर पर होगा; स्कंदगुप्त का साम्राज्य-ध्वंस पीछे होगा। पहले कुसुमपुरी का मणि-रत्न-भांडार लूटा जायगा। प्रतिष्ठान और चरणाद्रि तथा गोपाद्रि के दुर्गपतियों को जो धन विद्रोह करने के लिये परिषद् की आज्ञा से भेजा गया था, उसका क्या फल हुआ? अन्तर्वेद के विषयपति की कुटिल दृष्टि ने उस रहस्य का उद्घाटन करके वह धन भी आत्मसात् कर लिया और सहायता के बदले हमलोग अवंचित हुए, जिससे हूणों को सिन्धु का भी तट छोड़ देना पड़ा।

भटार्क-- ओह! शर्वनाग ने बड़ी सावधानी से काम लिया। आचार्य प्रपंचबुद्धि का निधन होने से यह सब दुर्घटना हुई है। दूत! हूणराज से कहना कि पुरगुप्त के सम्राट बनाने में तुम्हें अवश्य सहायता करनी पड़ेगी।

चर-- परन्तु उन्हें विश्वास कैसे हो?

भटार्क-- मैं प्रमाणपत्र दूँगा। हूणों को एक बार ही भारतीय सीमा से दूर करने के लिये स्कंदगुप्त ने समस्त सामन्तों को आमन्त्रण दिया है। मगध की रक्षक सेना भी उसमें सम्मिलित होगी, और मैं ही उसका परिचालन करूँगा। वहीं इसका प्रत्यक्ष प्रमाण मिलेगी। और यह लो प्रमाणपत्र। (पत्र देता है)

पुरगुप्त-- ठहरो।

अनंत°-- चुप रहो!

दूत तो यह उपहार भी सम्राज्ञी के लिये प्रस्तुत है।

(रत्नों से भरी हुई मंजूषा देता है)

भटार्क-- और उत्तरापथ के समस्त धर्मसंघों के लिये क्या किया है?

दूत-- आर्य्य महाश्रमण के पास मैं हो आया हूँ। समस्त सद्धर्म्म के अनुयायी और संघ, स्कंदगुप्त के विरुद्ध हैं। याज्ञिक क्रियाओं की प्रचुरता से उनका हृदय धर्मनाश के भय से घबरा उठा है। सब विद्रोह करने के लिये उत्सुक हैं।

भटार्क-- अच्छा, जाओ। नगरहार के गिरिव्रज का युद्ध इसका निबटारा करेगा। हूणराज से कहना कि सावधान रहे। शीघ्र वहीं मिलूँगा।

(दूत प्रणाम करके जाता है)

पुरगुप्त-- यह क्या हो रहा है?

अनन्त०-- तुम्हारे सिंहासन पर बैठने की प्रस्तावना है!

(सैनिक का प्रवेश)

सैनिक-- महादेवी की जय हो!

भटार्क-- क्या है?

सैनिक-- कुसुमपुर की सेना जालन्धर से भी आगे बढ़ चुकी है। साम्राज्य के स्कंधावार में शीघ्र ही उसके पहुँच जाने की संभावना है।

पुरगुप्त-- विजया! बहुत विलम्ब हुआ। एक पात्र

(अनन्तदेवी संकेत करती है, विजया उसे पिलाती है)

भटार्क-- मेरे अश्वों की व्यवस्था ठीक है न? मैं उसके पहले पहुँचूगा।

सैनिक-- परन्तु महाबलाधिकृत!

भटार्क-- क्या? कहो!

सैनिक-- यह राष्ट्र का आपत्ति-काल है, युद्ध की आयोजनाओं के बदले हम कुसुमपुर में पानकों का समारोह देख रहे हैं। राजधानी विलासिता का केंद्र बन रही है। यहाँ के, मनुष्यों के लिये विलास के उपकरण बिखरे रहने पर भी अपर्य्याप्त है! नये-नये साधन और नवीन कल्पनाओं से भी इस विलासिता-राक्षसी का पेट नहीं भर रहा है! भला मगध के विलासी सैनिक क्या करेंगे?

भटार्क--अबोध! जो विलासी न होगा वह भी क्या वीर हो सकता है? जिस जाति में जीवन न होगा वह विलास क्या करेगी? जाग्रत राष्ट्र में ही विलास और कलाओं का आदर होता है। वीर एक कान से तलवारों की और दूसरे से नूपुरों की झनकार सुनते हैं।

विजया--बात तो यही है।

सैनिक--आप महाबलाधिकृत हैं, इसलिये मैं कुछ नहीं कहूँगा।

भटार्क--नहीं तो?

सैनिक--यदि दूसरा कोई ऐसा कहता, तो मैं यही उससे कहता कि तुम देश के शत्रु हो!

भटार्क--(क्रोध से) हैं...!

सैनिक--हाँ, यवनों से उधार ली हुई सभ्यता नाम की विलासिता के पीछे आर्य्यजाति उसी तरह पड़ी है, जैसे कुलबधू को छोड़कर कोई नागरिक वेश्या के चरणों में। देश पर बर्बर हूणों की चढ़ाई और तिसपर भी यह निर्ल्लज आमोद! जातीय जीवन के निर्वाणोन्मुख प्रदीप का यह दृश्य है। आह! जिस मगध देश की सेना सदैव नासीर में रहती थी, आर्य्य चन्द्रगुप्त की वही विजयिनी सेना सबके पीछे निमंत्रण पाने पर साम्राज्य-सेना में जाय! महाबलाधिकृत! मेरी तो इच्छा होती है कि मैं आत्महत्या कर लूँ! मैं उस सेना का नायक हूँ, जिसपर गरुड़ध्वज की रक्षा का भार रहता था। आर्य्य समुद्रगुप्त की प्रतिष्ठित उस सेना का ऐसा अपमान!

भटार्क-- (अपने क्रोध के मनोभाव दबाकर) अच्छा, तुम यहीं मगध की रक्षा करना, मैं जाता हूँ।

सैनिक-- हूँ, अच्छा तो यह खड्ग लीजिये, मैं आज से मगध की सेना का नायक नहीं। (खड्ग देता है)

पुरगुप्त-- (मद्यप की-सी चेष्टा बनाकर) यह अच्छा किया, आओ मित्र! हम-तुम कादम्ब पियें। जाने दो इन्हें। इन्हें लड़ने दो।

अनंतदेवी-- (भटार्क को संकेत करती हुई ले जाती है, और विजया से कहती है) विजया! युवराज का मन बहलाओ!

[सैनिक तिरस्कार की दृष्टि से देखते हुए जाता है। भटार्क और अनंतदेवी एक ओर, विजया और पुरगुप्त दूसरी ओर जाते हैं।]

(जयमाला और देवसेना)

जयमाला-- तू उदास है कि प्रसन्न, कुछ समझ में नहीं आता! जब तू गाती है तब तेरे भीतर की रागिनी रोती है, और जब हँसती है तब जैसे विषाद की प्रस्तावना होती है!

१-सखी--सम्राट युद्ध-यात्रा में गये हैं और......

२-सखी--तो क्या?

देवसेना--तुम सब भी भाभी के साथ मिल गई हो। क्यों भाभी! गाऊँ वह गीत?

जयमाला-- मेरी प्यारी! तू गाती है। अहा! बड़ी-बड़ी आँखें तो बरसाती ताल-सी लहरा रही हैं। तू दुखी होती है। ले, मैं जाती हूँ। अरी! तुम सब इसे हँसाओ। (जाती है)

देवसेना--क्या महारथी हारकर भगे? अब तुम सच क्षुद्र सैनिकों की पारी है? अच्छा तो आओ।

१—सखी-- नहीं, राजकुमारी! मैं पूछती हूँ कि सम्राट् ने तुमसे कभी प्रार्थना की थी?

२-सखी--हाँ, तभी तो प्रेम का सुख है!

३—सखी--तो क्या मेरी राजकुमारी स्वयं प्रार्थिनी होंगी?

देवसेना-प्रार्थना किसने की है, यह रहस्य की बात है। क्यों? कहूँ? प्रार्थना हुई है मालव की ओर से; लोग कहेंगे कि मालव देकर देवसेना का व्याह किया जा रहा है। १— सखी-- न कहो, तब फिर क्या-हरी-हरी कोंपलों की टट्टी में फूल खिल रहा है-- और क्या!

देवसेना-- तेरा मुँह काला, और क्या? निर्दय होकर आघात मत कर, मर्म्म बड़ा कोमल है। कोई दूसरी हँसी तुझे नहीं आती?

(मुंह फेर लेती है)

२-सखी-- लक्ष्यभेद ठीक हुआ-सा देखती हूँ।

देवसेना-- क्यों घाव पर नमक छिड़कती है? मैंने कभी उनसे प्रेम की चर्चा करके उनका

अपमान नहीं होने दिया है। नीरव जीवन और एकांत व्याकुलता, कचोटने का सुख मिलता है। जब हृदय में रुदन का स्वर उठता है, तभी संगीत की वीणा मिला लेती हैं। उसीमे सब छिप जाता है।

(आँखों से आँसू बहता है)

१-सखी-है-हैं, क्या तुम रोती हो? मेरा अपराध क्षमा करो!

देवसेना--(सिसकती हुई) नहीं प्यारी सखी! आज ही मैं प्रेम के नाम पर जी खोलकर रोती हूँ; बस, फिर नहीं। यह एक क्षण का रुदन अनन्त स्वर्ग का सृजन करेगा।

२-सखी--तुम्हें इतना दुःख है, मैं यह कल्पना भी न कर सकी थी।

देवसेना--(सम्हलकर) यही तू भूलती है। मुझे तो इसी में सुख मिलता है; मेरा हृदय मुझसे अनुरोध करता है, मचलता है, रूठता है, मै उसे मनाती हूँ। ऑखें प्रणय-कलह उत्पन्न कराती हैं, चित्त उत्तेजित करता है, बुद्धि झिड़कती है, कान कुछ सुनते ही नहीं! मैं सबको समझाती हूँ, विवाद मिटाती हूँ। सखी! फिर भी मैं इसी झगड़ालू कुटुम्ब में गृहस्थी सम्हालकर, स्वस्थ होकर, बैठती हूँ।

३-सखी-आश्चर्य! राजकुमारी! तुम्हारे हृदय में एक बरसाती नदी वेग से भरी है!

देवसेना-कूलों में उफनकर बहनेवाली नदी, तुमुल तरङ्ग; प्रचंड पवन और भयानक वर्षा! परन्तु उसमें भी नाव चलानी ही होगी।

१-- सखी--

(गान)

माझी! साहस है खे लोगे
जर्जर तरी भरी पथिकों से---
झड़ में क्या खोलोगे

अलस नील घन की छाया में---
जलजालों की छल-माया में---
अपना बल तोलोगे

अनजाने तट की मदमाती---
लहरें, क्षितिज चूमती आतीं
ये झटके झेलोगे? माझी---

(भीमवर्म्मा का प्रवेश)

भीम०--बहिन! शक-मंडल से विजय का समाचार आया है!

देवसेना--भगवान की दया है।

भीम॰--परन्तु, महाराजपुत्र गोविन्दगुप्त वीरगति को प्राप्त हुए, यह बड़ा•••••••••!

देवसेना--वे धन्य हैं!

भीम०---वीर-शय्या पर सोते-सोते उन्होंने अनुरोध किया कि महाराज बन्धुवर्म्मा गुप्तसाम्राज्य के महाबलाधिकृत बनाये जायँ, इसलिये अभी वे स्कंधावार में ठहरेंगे। उनका आना अभी नहीं हो सकता है और भी कुछ सुना देवसेना?

देवसेना--क्या?

भीम०--सम्राट् ने तुम्हें बचाने के पुरस्कार-स्वरूप मातृगुप्त को काश्मीर का शासक बना दिया है। गान्धारवंशी राजा अब वहाँ नहीं है। काश्मीर अब साम्राज्य के अन्तर्गत हो गया है।

देवसेना--सम्राट् की महानुभावता है। भाई! मेरे प्राणों का इतना मूल्य?

भीम०--आर्य्य-साम्राज्य का उद्धार हुआ है। बहिन! सिंधु के प्रदेश से म्लेच्छ-राज ध्वंस हो गया है। प्रवीर सम्राट् स्कंदगुप्त ने विक्रमादित्य की उपाधि धारण की है। गौ, ब्राह्मण और देवताओं की ओर कोई भी आततायी आँख उठाकर नहीं देखता। लौहित्य से सिंधु तक, हिमालय की कन्दराओं में भी, स्वच्छन्दतापूर्वक सामगान होने लगा। धन्य हैं हम लोग जो इस दृश्य को देखने के लिये जीवित हैं!

देवसेना--मङ्गलमय भगवान सब मङ्गल करेंगे। भाई, साहस चाहिये, कोई वस्तु असम्भव नहीं।

भी०-- उत्तरापथ के सुशासन की व्यवस्था करके परम भट्टारक शीघ्र आवेंगे। मुझे अभी स्नान करना है, जाता हूँ।

देवसेना-- भाई! तुम अपने शरीर के लिये बड़े ही निश्चिन्त रहते हो। और कार्यों के लिये तो......

(भीम हँसता हुआ जाता है)

(मुद्गल का प्रवेश)

मुद्गल-- जो है सो काणाम करके यह तो अपने से नहीं हो सकता। उहूँ, जब कोई न मिला तो फूटी ढोल की तरह मेरे गले पड़ी!

देवसेना-- क्या है मुद्गल?

मुद्गल-- वही-चही, सीता की सखी, मन्दोदरी की नानी त्रिजटा। कहाँ है मातृगुप्त ज्योतिषी की दुम! अपने को कवि भी लगाता था! मेरी कुंडली मिलाई या कि मुझे मिट्टी में मिलाया। शाप दूंगा। एक शाप! दाँत पीसकर, हाथ उठाकर, शिखा खोलते हुए चाणक्य का लकड़दादा बन जाऊँगा! मुझे इस झंझट में फंसा दिया! उसने क्यों मेरा व्याह कराया......?

देवसेना-- तो क्या बुरा किया?

मुद्गल-- झख मारा, जो है सो काणाम करके।

देवसेना-- अरे व्याह भी तुम्हारा होता?

मुद्गल-- न होता तो क्या इससे भी बुरा रहता? बाबा, अब तो मैं इसपर भी प्रस्तुत हूँ कि कोई इसको फेर ले। परंतु यह हत्या कौन अपने पल्ले बाँधेगा!

(सब हँसती हैं)

देवसेना-- आज कौन-सी तिथि है? एकादशी तो नहीं है?

मुद्गल-- हाँ, यजमान के घर एकादशी और मेरे पारण की द्वादशी; क्योंकि ठीक मध्याह्न में एकादशी के ऊपर द्वादशी चढ़ बैठती है, उसका गला दबा देती है; पेट पचकने लगता है

देवसेना-- अच्छा, आज तुम्हारा निमंत्रण है--- तुम्हारी स्त्री के साथ।

मुद्गल-- जो है सो देवता प्रसन्न हों, आपका कल्याण हो! फिर शीघ्रता होनी चाहिये। पुण्यकाल बीत न जाय••••• चलिये। मैं उसे बुला लेता हूँ। (जाता है)

[सबका प्रस्थान]

[गान्धार की घाटी-रणक्षेत्र]

(तुरही बजती है, स्कंदगुप्त और बंधुवर्म्म के साथ सैनिकों को प्रवेश)

बंधु०-- वीरो! तुम्हारी विश्वविजयिनी वीरगाथा सुर-सुंदरियों की वीणा के साथ मन्द ध्वनि से नंदन में पूँज उठेगी। असम साहसी आर्य्य-सैनिक! तुम्हारे शस्त्र ने बर्बर हूणों को बता दिया है कि रण-विद्या केवल नृशंसता नहीं है। जिनके आतंक से आज विश्वविख्यात रूम-साम्राज्य पादाक्रांत है,

उन्हें तुम्हारा लोहा मानना होगा और तुम्हारे पैरों के नीचे दबे हुए कंठ से उन्हें स्वीकार करना होगा कि भारतीय दुर्जेय वीर हैं। समझ लो-- आज के युद्ध में प्रत्यावर्त्तन नहीं है। जिसे लौटना हो, अभी से लौट जाय।

सैनिक-- आर्य-सैनिकों का अपमान करने का अधिकार महाबलाधिकृत को भी नहीं है! हम सब प्राण देने आये हैं, खेलने नहीं।

स्कंद०-- साधु! तुम यथार्थ ही जननी जन्म-भूमि की संतान हो।

सैनिक-- राजाधिराज श्री स्कंदगुप्त विक्रमादित्य की जय!

(चर का प्रवेश)

चर-- परम भट्टारक की जय हो!

स्कंद०-- क्या समाचार है?

चर-- देव! हूण शीघ्र ही नदी के पार होकर आक्रमण की प्रतीक्षा कर रहे है। परंतु, यदि आक्रमण न हुआ तो वे स्वयं आक्रमण करेंगे।

वंधु०-- और कुभा के रणक्षेत्र का क्या समाचार है? चर--मगध की सेना पर विश्वास करने के लिये मैं न कहूँगा। भटार्क की दृष्टि में पिशाच की मंत्रणा चल रही है। खिङ्गिल के दूत भी आ रहे हैं। चक्रपालित उस कूट-चक्र को तोड़ सकेंगे कि नहीं, इसमें सन्देह है।

स्कंद०--बंधुवर्म्मा! तुम कुभा के रणक्षेत्र की ओर जाओ, मैं यहाँ देख लूँगा।

बंधु०--राजाधिराज! मगध की सेना पर अधिकार रखना मेरे सामर्थ्य के बाहर होगा, और मालव की सेना आज नासीर में है। आज इस नदी की तीक्ष्ण धारा को लाल करके बहा देने की मेरी प्रतिज्ञा है। आज मालव का एक भी सैनिक नासीर-सेना से न हटेगा।

स्कंद॰--बंधु! यह यश मुझसे मत छीन लो।

बंधु०--परन्तु सबके प्राण देने के स्थान भिन्न है। यहाँ मालव की सेना मरेगी, दूसरे को यहाँ मरकर अधिकार जमाने का अधिकार नहीं। और बंधुवर्मा मरने-मारने में जितना पटु है, उतना षड्यंत्र तोड़ने में नहीं। आपके रहने से सौ बंधुवर्मा उत्पन्न होंगे। आप शीघ्रता कीजिये।

स्कंद॰--बंधुवर्मा! तुम बड़े कठोर हो!

बंधु०--शीघ्रता कीजिये। यहाँ हूणों को रोकना मेरा ही कर्त्तव्य है, उसे मैं ही करूँगा। महाबलाधिकृत का अधिकार मैं न छोड़ुँगा।चक्रपालित वीर है, परन्तु अभी वह नवयुवक है; आपका वहाँ पहुँचना आवश्यक है। भटार्क पर विश्वास न कीजिये। स्कंद०-- मैंने समझा कि हूणों के सम्मुख वह विश्वासघात न करेगा। बंधु०-- ओह! जिस दिन ऐसा हो जायगा, उस दिन कोई भी इधर आँख उठाकर न देखेगा। सम्राट! शीघ्रता कीजिये!

स्कंद॰-- (आलिङ्गन करता है) मालवेश की जय!

बंधु०-- राजाधिराज श्री स्कंदगुप्त विक्रमादित्य की जय!

(चर के साथ स्कंदगुप्त जाते हैं)

(नेपथ्य में रणवाद्य। शत्रु-सेना आती है। हूणों की सेना से विकट युद्ध। हूणों का मरना, घायल होकर भागना। बंधुवर्मा की अन्तिम अवस्था; गरुड़ध्वन टेककर उसे चूमना।)

बंधु०-- (दम तोड़ते हुए) विजय! तुम्हारी... विजय!... आर्य्य-साम्राज्य की जय!

सब-- आर्य्य-साम्राज्य की जय!

बंधु०-- भाई! स्कंदगुप्त से कहना कि मालव-वीर ने अपनी प्रतिज्ञा पूरी की; भीम और देवसेना उनकी शरण हैं।

सैनिक-- महाराज! आप क्या कहते हैं! (सब शोक करते हैं)

बंधु०-- बंधुगण! यह रोने का नहीं, आनंद का समय है। कौन वीर इसी तरह जन्म-भूमि की रक्षा में प्राण देता है, यही मैं ऊपर से देखने जाता हूँ।।

सैनिक-- महाराज बंधुवर्मा की जय!

(गरुड़ध्वज की छाया में बंधुवर्मा की मृत्यु)

[दुर्ग के सम्मुख कुभा का रणक्षेत्र; चक्रपालित और स्कंदगुप्त]

चक्र०-- सम्राट्! प्रतारणा को पराकाष्ठा! दो दिन से जान-बूझकर शत्रु को उस ऊँची पहाड़ी पर जमने का अवकाश दिया जा रहा है। आक्रमण करने से मैं रोका जा रहा हूँ। समस्त मगध की सेना उसके संकेत पर चल रही है।

स्कंद०-- चक्र! कुभा में जल बहुत कम है, आज ही उतरना होगा। तुम्हें दुर्ग में रहना चाहिये। मैं भटार्क पर विश्वास तो करता ही नहीं, परन्तु उसपर प्रकट रूप से अविश्वास का भी समय नहीं रहा।

चक्र०-- नहीं सम्राट्! उसे बंदी कीजिथे। वह देखिये-- आ रहा है।

भटार्क-- (प्रवेश करके) राजाधिराज की जय हो!

स्कंद०-- क्यो सेनापति! यह क्या हो रहा है?

भटार्क-- आक्रमण की प्रतीक्षा सम्राट्!

स्कंद°-- या समय की?

भटार्क-- सम्राट् का मुझपर विश्वास नहीं है, यह ....

चक्र०-- विश्वास तो कहीं से क्रय नहीं किया जाता!

भटार्क-- तुम अभी बालक हो।

चक्र०-- दुराचारी कृतघ्न! अभी मैं तेरा कलेजा फाड़ खाता; तेरा......! भटार्क-- सावधान! अब मैं सहन नहीं कर सकता!

(तलवार पर हाथ रखता है)

स्कंद०-- भटार्क! वह बालक है। कूटमंत्रणा, वाक् चातुरी नहीं जानता। चुप रहो चक्र!

(चक्रपालित और भटार्क सिर नीचा कर लेते हैं)

स्कंद०— भटार्क! प्रवञ्चना का समय नहीं है। स्मरण रखना- कृतघ्न और नीचों की श्रेणी में तुम्हारा नाम पहले रहेगा!

(भटार्क चुप रह जाता है)

स्कंद०-- युद्ध के लिये प्रस्तुत हो?

भटार्क-- मेरा खड्ग साम्राज्य की सेवा करेगा।

स्कंद०-- अच्छा तो अपनी सेना लेकर तुम गिरिसंकट पर पीछे से आक्रमण करो और सामने से मैं आता हूँ। चक्र! तुम दुर्ग की रक्षा करो।

भटार्क-- जैसी आज्ञा। नगरहार के स्कंधावार को भी सहायता के लिये कहला दिया जाय तो

अच्छा हो।

स्कंद०–चर गया है। तुम शीघ्र जाओ। देखो-सामने शत्रु दीख पड़ते हैं।

(भटार्क का प्रस्थान)

चक्र०-- तो मैं बैठा हूँ?

स्कंद-- भविष्य अच्छा नहीं है चक्र! नगरहार से समय पर सहायता पहुँचती नहीं दिखाई देती। परंतु, यदि आवश्यकता हो तो शीघ्र नगरहार की ओर प्रत्यावर्तन करना। मैं वही तुमसे मिलूँगा।

(चर का प्रवेश)

स्कंद°-- गान्धार-युद्ध का क्या समाचार है?

चर-- विजय। उस रणक्षेत्र में हूण नहीं रह गये। परंतु सम्राट्! बंधुवर्म्मा नहीं हैं!

स्कंद०-- आह बंधु! तुम चले गये? धन्य हो वीर-हृदय!

(शोक-मुद्रा से बैठ जाता है)

चक्र०-- इसका समय नहीं है सम्राट्! उठिये, सेना आ रही है; इस समय यह समाचार नहीं प्रचारित करना है।

स्कंद°-- (उठते हुए) ठीक कहा।

(भटार्क के साथ सेना का प्रवेश)

स्कंद०-- देखो, कुभा के उस बंध से सावधान रहना! आक्रमण में यदि असफलता हो, और शत्रु की दूसरी सेना कुभा को पार करना चाहे, तो उसे काट देना। देखो भटार्क! तुम्हारे विश्वास का यही प्रमाण है।

भटार्क-- जैसी आपकी आज्ञा।

(कुछ सैनिकों के साथ जाता है)

स्कंद०-- चक्र! दुर्ग-रक्षक सैनिकों को लेकर तुम प्रतीक्षा करना। हम इसी छोटी-सी सेना से आक्रमण करेंगे। तुम सावधान!

(नेपथ्य से रणवाद्य)

देखो--वह हूण आ रहे हैं! उन्हें वहीं रोकना होगा। तुम दुर्ग में जाओ।

चक्र०-- जैसी आज्ञा। (जाता है)

स्कंद°--वीर मगध-सैनिकों! आज स्कंदगुप्त तुम्हारी परिचालना कर रहा है, यह ध्यान रहे, गरुड़ध्वज का मान रहे, भले ही प्राण जायँ!

मगध-सेना--राजाधिराज श्री स्कंदगुप्त विक्रमादित्य की जय!

(सेना बढ़ती है, ऊपर से अस्त्रवर्षा होती हैं, घोर युद्ध के बाद हूण भागते हैं। साम्राज्य-सेना का, जयनाद करते हुए, शिखर पर अधिकार करना।)

नायक--(ऊपर देखता हुआ) सम्राट्! आश्चर्य है, भागी हुई हूण-सेना कुभा के उस पार उतर जाना चाहती है!

स्कंद°--क्या कहा!

नायक--कुछ मगध-सेना भी वहाँ है, परंतु वह तो जैसे उनका स्वागत कर रही है!

स्कंद॰--विश्वासघात! प्रतारणा! नीच भटार्क!

नायक--फिर क्या आज्ञा है?

स्कंद॰--दुर्ग की रक्षा होनी चाहिये। उस पार की हूण-सेना यदि आ गई तो कृतघ्न भटार्क उन्हें मार्ग बतावेगा। वीरो! शीघ्र उन्हें उसी पार रोकना होगा। अभी कुभा पार होने की संभावना है।

(नायक तुरही वजाता है, सैनिक इकट्ठे होते हैं।)

स्कंद०--(घबराहट से देखते हुए) शीघ्रता करो।

नायक--क्या?

स्कंद०--नीच भटार्क ने बंध तोड़ दिया है, कुभा में जल बड़े वेग से बढ़ रहा है! चलो शीघ्र--

(सब उतरना चाहते हैं, कुभा में अकस्मात् जल बढ़ जाता है;
सब बहते हुए दिखाई देते हैं।)

[अंधकार]

चतुर्थ अंक

[प्रकोष्ठ]

(विजया और अनन्तदेवी)

अनन्त०--क्या कहा?

विजया--मैं आज ही पासा पलट सकती हूँ। जो झूला ऊपर उठ रहा है, उसे एक ही झटके में पृथ्वी चूमने के लिये विवश कर सकती हूँ।

अनन्त०--क्यों? इतनी उत्तेजना क्यों है? सुनू भी तो।

विजया--समझ जाओ।

अनन्त०--नहीं, स्पष्ट कहो।

विजया--भटार्क मेरा है!

अनन्त--तो?

विजया--उस राह से दूसरों को हटना होगा।

अनन्त०--कौन छीन रहा है?

विजया--एक पाप-पङ्क में फंसी हुई निर्लज्ज नारी। क्या उसका नाम भी बताना होगा? समझो, नहीं तो साम्राज्य का स्वप्न गला दबाकर भंग कर दिया जायगा।

अनन्त०--(हँसती हुई) मूर्ख रमणी! तेरा भटार्क केवल मेरे कार्य्य-साधन का अस्त्र है, और कुछ नहीं। वह पुरगुप्त के ऊँचे सिंहासन की सीढ़ी है, समझो?

विजया--समझी; और तुम भी जान लो कि तुम्हारा नाश समीप है।

अनन्त०--(बनाती हुई) क्या तुम पुरगुप्त के साथ सिंहासन पर नहीं बैठना चाहती हो? क्यों--वह भी तो कुमारगुप्त का पुत्र है?

विजया--हाँ, वह कुमारगुप्त का पुत्र है, परन्तु वह तुम्हारे गर्भ से उत्पन्न है! तुमसे उत्पन्न हुई सन्तान--छिः!

अनन्त०--क्या कहा? समझकर कहना।

विजया--कहती हूँ, और फिर कहूँगी। प्रलोभन से, धमकी से, भय से, कोई भी मुझको भटार्क से नहीं वञ्चित कर सकता है। प्रणय-वञ्चिता स्त्रियाँ अपनी राह के रोड़े-विघ्नों-को दूर करने के लिये वज्र से भी दृढ़ होती हैं। हृदय को छीन लेनेवाली स्त्री के प्रति हतसर्वस्वा रमणी पहाड़ी नदियों से भयानक, ज्वालामुखी के विस्फोट से भी वीभत्स, और प्रलय की अनल-शिखा से भी लहरदार होती है। मुझे तुम्हारा सिंहासन नहीं चाहिये। मुझे क्षुद्र पुरगुप्त के विलास-जर्जर मन और यौवन में ही जीर्ण शरीर का अवलम्ब वांछनीय नहीं। कहे देती हूँ, हट जाओ, नहीं तो तुम्हारी समस्त कुमंत्रणाओं को एक फूँक में उड़ा दूँगी!

अनन्त०--क्या? इतना साहस! तुच्छ स्त्री! तू जानती है कि किसके साथ बात कर रही है? मैं वही हूँ--जो अश्वमेध-पराक्रम कुमारगुप्त से, बालों को सुगन्धित करने के लिये गंधचूर्ण जलवाती थी—जिसकी एक तीखी कोर से गुप्त-साम्राज्य डाँवाडोल हो रहा है, उसे तुम......एक सामान्य स्त्री! जा-जा, ले अपने भटार्क को; मुझे ऐसे कीट-पतंगों की आवश्यकता नहीं। परन्तु स्मरण रखना, मैं हूँ अनन्तदेवी! तेरी कूटनीति के कंटकित कानन की दावाग्नि--तेरे गर्व-शैलश्रृंग का वज्र! मैं वह आग लगाऊँगी, जो प्रलय के समुद्र से भी न बुझे!

(जाती है)

विजया--मैं कहीं की न रही! इधर भयानक पिशाचों की लीला-भूमि, उधर गम्भीर समुद्र! दुर्बल रमणी-हृदय! थोड़ी आँच में गरम, और शीतल हाथ फेरते ही ठंढा! क्रोध से अपने आत्मीय जनों पर विष उगल देना! जिनको क्षमा की आवश्यकता है--जिन्हें स्नेह के पुरस्कार की वांछा है, उनकी भूल पर कठोर तिरस्कार और जो पराये हैं, उनके साथ दौड़ती हुई सहानुभूति! यह मन का विष, यह बदलनेवाले हृदय की क्षुद्रता है। ओह! जब हम अनजान लोगों की भूल और दुःखों पर क्षमा या सहानुभूति प्रकट करते हैं, तो भूल जाते हैं कि यहाँ मेरा स्वार्थ नहीं है। क्षमा और उदारता वही सच्ची है, जहाँ स्वार्थ की भी बलि हो। अपना अतुल धन और हृदय दूसरों के हाथ में देकर चलूँ--कहाँ? किधर--(उन्मत्त भाव से प्रस्थान करना चाहती है)

(पदच्युत नायक का प्रवेश)

नायक--शांत हो।

विजया--कौन?

नायक--एक सैनिक। विजया--दूर हो, मुझे सैनिकों से घृणा है।

नायक--क्यों सुन्दरी?

विजया--क्रूर! केवल अपने झूठे मान के लिये, बनावटी बड़प्पन के लिये, अपना दम्भ दिखलाने के लिये, एक अनियंत्रित हृदय का लोहों से खेल विडम्बना है! किसकी रक्षा, किस दीन की सहायता के लिये तुम्हारे अस्त्र हैं?

नायक--साम्राज्य की रक्षा के लिये।

विजया--झूठ। तुम सब को जंगली हिंस्र पशु होकर जन्म लेना था। डाकू! थोड़े-से ठीकरों के लिये अमूल्य मानव-जीवन का नाश करनेवाले भयानक भेड़िये!

नायक--(स्वगत) पागल हो गई है क्या?

विजया--स्नेहमयी देवसेना को शंका से तिरस्कार किया, मिलते हुए स्वर्ग को घमंड से तुच्छ समझा, देव-तुल्य स्कंदगुप्त से विद्रोह किया, किस लिये? केवल अपना रूप, धन, यौवन दूसरे को दान करके उन्हें नीचा दिखाने के लिये? स्वार्थपूर्ण मनुष्यों की प्रतारणा में पड़कर खो दिया--इस लोक का सुख, उस लोक की शान्ति! ओह!

नायक--शांत हो!

विजया--शांति कहाँ? अपनों को दंड देने के लिये मैं स्वयं उनसे अलग हुई; उन्हे दिखाने के लिये--"मैं भी कुछ हूँ"! अपनी भूल थी, उसे अभिमान से उनके सिर दोष के रूप में मढ़ रक्खा था। उनपर झूठा अभियोग लगाकर नीच-हृदय को नित्य उत्तेजित कर रही थी। अब उसका फल मिला!

नायक--रमणी! भूला हुआ लौट आता है, खोया हुआ मिल जाता है; परन्तु जो जान-बूझकर भूलभुलैयाँ तोड़ने के अभिमान से उसमें घुसता है, वह उसी चक्रव्यूह में स्वयं मरता है, दूसरों को भी मारता है। शांति का--कल्याण का--मार्ग उन्मुक्त है। द्रोह को छोड़ दो, स्वार्थ को विस्मृत करो,

सब तुम्हारा है।

विजया--(सिसकती हुई) मैं अनाथ निःसहाय हूँ!

नायक--(बनावटी रूप उतारता है) मैं शर्वनाग हूँ। मैं सम्राट का अनुचर हूँ। मगध की परिस्थिति देखकर अपने विषय अन्तर्वेद को लौट रहा हूँ।

विजया--क्या अन्तर्वेद के विषयपति शर्वनाग?

शर्व०--हाँ, परंतु देश पर एक भीषण आतंक है। भटार्क की पिशाच-लीला सफल होना चाहती है। विजया! चलो, देश के प्रत्येक बच्चे, बूढ़े और युवक को उसकी भलाई में लगाना होगा; कल्याण का मार्ग प्रशस्त करना होगा। आओ, यदि हम राजसिंहासन न प्रस्तुत कर सकें तो हमें अधीर न होना चाहिये; हम देश की प्रत्येक गली को झाड़ू देकर ही इतना स्वच्छ कर दें कि उसपर चलनेवाले राजमार्ग का सुख पावें!

विजया--(कुछ सोचकर) तुमने सच कहा। सबको कल्याण के शुभागमन के लिये कटिबद्ध होना चाहिये। चलो--

[दोनों का प्रस्थान]

[भटार्क का शिविर]

(नर्त्तकी गाती है)

भाव-निधि में लहरियाँ उठतीं तभी
भूलकर भी जब स्मरण होता कभी
मधुर मुरली फेंक दी तुमने भला
नींद मुझको आ चली थी बस अभी
सब रगों में फिर रही हैं बिजलियाँ
नील नीरद! क्या न बरसोगे कभी
एक झोंका और मलयानिल अहा।
क्षुद्र कलिका है खिली जाती अभी
कौन मर-मरकर जियेगा इस तरह
यह समस्या हल न होगी क्या कभी

(कमला और देवकी का प्रवेश)

देवकी-भटार्क! कहाँ है मेरा सर्वस्व? बता दे मेरे आनन्द का उत्सव, मेरी आशा का सहारा, कहाँ है?

भटार्क-- कौन!

कमला-- कृतघ्न! नहीं देखता है, यह वही देवी हैं-- जिन्होंने तेरे नारकीय अपराध को क्षमा किया था-- जिन्होने तुझ-से घिनौने कीड़े को भी मरने से बचाया था। वही, वही, देव-प्रतिमा महादेवी देवकी।

भटार्क-- (पहचानकर) कौन? मेरी माँ!

कमला-- तू कह सकता है। परन्तु मुझे तुझको पुत्र कहने में संकोच होता है, लज्जा से गड़ी जा रही हूँ! जिस जननी की संतान--जिसका अभागा पुत्र-ऐसा देशद्रोही हो, उसको क्या मुँह दिखाना चाहिये? आह भटार्क!

भटार्क--राजमाता और मेरी माता!

देवकी--बता भटार्क! वह आर्य्यावर्त्त का रत्न कहाँ है? देश को बिना दाम का सेवक, वह जन-

साधारण के हृदय का स्वामी, कहाँ है? उससे शत्रुता करते हुए तुझे•••••

कमला--बोल दे भटार्क!

भटार्क--क्या कहूँ, कुभा की क्षुब्ध लहरों से पूछो, हिमवान की गल जानेवाले बर्फों से पूछो कि वह कहाँ है। मैं नहीं•••••

देवकी--आह! गया मेरा स्कंद!! मेरा प्राण!!!

(गिरती है, मृत्यु!)

कमला--(उसे सम्हालती हुई) देख पिशाच! एक बार अपनी विजय पर प्रसन्नता से खिलखिला ले। नीच! पुण्य-प्रतिमा को, स्त्रियों की गरिमा को, धूल में लोटता हुआ देखकर, एक बार हृदय खोलकर हँस ले। हा देवी!

भटार्क--क्या! (भयभीत होकर देखता है)

कमला--इस यंत्रणा और प्रतारणा से भरे हुए संसार की पिशाच भूमि को छोड़कर अक्षय लोक को गई, और तू जीता रहा--सुखी घरों में आग लगाने, हाहाकार मचाने और देश को अनाथ बनाकर उसकी दुर्दशा कराने के लिये--नरक के कीड़े! तू जीता रहा!!

भटार्क-- मा, अधिक न कहो। साम्राज्य के विरुद्ध कोई अपराध करने का मेरा उद्देश्य नहीं था; केवल पुरगुप्त को सिंहासन पर बिठाने की प्रतिज्ञा से प्रेरित होकर मैंने यह किया। स्कंदगुप्त न सही, पुरगुप्त सम्राट होगा।

कमला-- अरे मूर्ख! अपनी तुच्छ बुद्धि को सत्य मानकर, उसके दर्प में भूलकर, मनुष्य कितना बड़ा अपराध कर सकता है! पामर! तू सम्राटों का नियामक बन गया? मैंने भूल की; सूतिका-गृह में ही तेरा गला घोंटकर क्यों न मार डाला! आत्महत्या के अतिरिक्त अब और कोई प्रायश्चित्त नहीं।

भटार्क-- मा, क्षमा करो। आज से मैंने शस्त्र-त्याग किया। मैं इस संघर्ष से अलग हूँ, अब अपनी दुर्बुद्धि से तुम्हें कष्ट न पहुँचाऊँगा (तलवार डाल देता है)

कमला-- तूने विलम्ब किया भटार्क! महादेवी......एक दिन जिसके नाम पर गुप्त-साम्राज्य नतमस्तक होता था, आज उसकी अन्त्येष्टि-क्रिया के लिये कोई उपाय नहीं!......हा दुर्दैव!

भटार्क-- (ताली बजाता हैं, सैनिक आते हैं) महादेवी की अन्त्येष्टि-क्रिया राजसम्मान से होनी चाहिये। चलो, शीघ्रता करो।

(देवकी के शव को एक ऊँचे स्थान पर दोनो मिलकर रखते हैं)

कमला-- भटार्क ! इस पुण्यचरण के स्पर्श से, संभव है, तेरा पाप छूट जाय।

[भटार्क और कमला पर तीव्र आलोक]

[काश्मीर]

(न्यायाधिकरण में मातृगुप्त)

(एक स्त्री और दंडनायक)

मातृगुप्त--नन्दीग्राम के दंडनायक देवनंद! यह क्या है?

देवनंद--कुमारामात्य की जय हो! बहुत परिश्रम करने पर भी मैं इस रमणी के अपहृत धन का पता न लगा सका। इसमें मेरा अपराध अधिक नहीं है।

मातृगुप्त--फिर किसका है? तुम गुप्तसाम्राज्य का विधान भूल गये! प्रजा की रक्षा के लिये "कर" लिया जाता है। यदि तुम उसकी रक्षा न कर सके, तो वह अर्थ तुम्हारी भृति से कटकर इस रमणी

को मिलेगा।

देवनंद--परंतु वह इतना अधिक है कि मेरे जीवन-भर की भृति से भी उसका भरना असम्भव है।

मातृगुप्त--तब राज-कोष उसे देगा, और तुम उसका फल भोगोगे।

देवनंद--परंतु मैं पहले ही निवेदन कर चुका हूँ, इसमें मेरा अपराध अधिक नहीं है। यह श्रीनगर की सबसे अधिक समृद्धि-शालिनी वेश्या है। यह अपने अंतरंग लोगों का परिचय भी नहीं बताती; फिर मैं कैसे पता लगाऊँ? गुप्तचर भी थक गये।

मातृगुप्त--हाँ, इसका नाम मैं भूल गया।

देवनंद--मालिनी।

मातृगुप्त--क्या! मालिनी? (कुछ सोचता हुआ) अच्छा, जाओ, कोषाध्यक्ष को भेज दो।

(देवनद का प्रस्थान)

मातृगुप्त--मालिनी! अवगुंठन हटाओ, सिर ऊँचा करो; मैं अपना भ्रम-निवारण करना चाहता हूँ।

(अवगुंठन हटाकर मालिनी मातृगुप्त की ओर देखती है, मातृगुप्त चकित होकर उसको देखता है।)

मातृगुप्त--तुम कौन हो--मालिनी? छलना! नहीं-नहीं, भ्रम है।

मालिनी--नहीं मातृगुप्त, मैं ही हूँ! अवगुंठन केवल इसीलिये था कि मैं तुम्हें मुख नहीं दिखला सकती थी। मातृगुप्त! मैं वहीं हूँ।

मातृगुप्त--तुम? नहीं मेरी मालिनी! मेरे हृदय की आराध्य देवता--वेश्या! असम्भव। परंतु नहीं, वही है मुख! यद्यपि विलास ने उसपर अपनी मलिन छाया डाल दी है--उसपर अपने अभिशाप की छाप लगा दी है; पर तुम वही हो। हा दुर्दैव!

मालिनी--दुर्दैव!

मातृगुप्त--मैं आज तक तुम्हें पूजता था। तुम्हारी पवित्र स्मृति को कंगाल की निधि की भाँति छिपाये रहा। मूर्ख मैं... आह मालिनी! मेरे शून्य भाग्याकाश के मंदिर का द्वार खोल कर तुम्हीं ने उनींदी उषा के सदृश झाँका था, और मेरे भिखारी संसार पर स्वर्ण बिखेर दिया था। तुम्हीं मालिनी! तुमने सोने के लिये नंदन का अम्लान कुसुम बेच डाला। जाओ मालिनी! राज-कोष से अपना धन ले लो। मालिनी-- (मातृगुप्त के पैरों पर गिरती हुई) एक बार क्षमा कर दो मातृगुप्त!

मातृगुप्त-- मैं इतना दृढ़ नहीं हूँ मालिनी! कि तुम्हें इस अपराध के कारण भूल जाऊँ। पर वह स्मृति दूसरे प्रकार की होगी। इसमें ज्वाला न होगी। धुंआ उठेगा और तुम्हारी मूर्ति धुंधली होकर सामने आवेगी! जाओ!

(मालिनी का प्रस्थान, चर का प्रवेश)

चर-- कुमारामात्य की जय हो!

मातृगुप्त-- क्या समाचार है? सम्राट् का पता लगा?

चर-- नहीं। पंचनद हूणों के अधिकार में है, और वे काश्मीर पर भी आक्रमण किया चाहते है।

मातृ॰-- जाओ!

(चर का प्रस्थान)

मातृ॰-- तो सब गया! मेरी, कल्पना के सुंदर स्वप्नों का प्रभात हो रहा है। नाचती हुई निहार-

कणिकाओं पर तीखी। किरणों के भाले! ओह! सोचा था कि देवता जागेंगे, एक बार आर्यावर्त्त में गौरव का सूर्य्य चमकेगा, और पुण्यकर्मों से समस्त पाप-पंक धो जायेंगे; हिमालय से निकली हुई सप्तसिंधु तथा गंगा-यमुना की घाटियाँ, किसी आर्ये सद् गृहस्थ के स्वच्छ और पवित्र आँगन-सी, भूखी जाति के निर्वासित प्राणियों को अन्नदान देकर संतुष्ट करेंगी; और आर्यजाति अपने दृढ़ सबल हाथो में शस्त्र-ग्रहण करके पुण्य का पुरस्कार और पाप का तिरस्कार, करती हुई, अचल हिमाचल की भाँति सिर ऊँचा किये, विश्व को सदाचरण के लिए सावधान करती रहेगी, आलस्य-सिन्धु में शेष-पर्य्यक-शायी सुषुप्तिनाथ जागेंगे; सिन्धु में हलचल होगी, रत्नाकर से रत्नराशियाँ आर्यावर्त की बेलाभूमि पर निछावर होंगी। उद्बोधन के गीत गाये-हृदय के उद्गार सुनाये जायेंगे, परन्तु पासा पलट कर भी न पलटा! प्रवीर उदार-हृदय स्कन्दगुप्त, कहाँ है? तब, काश्मीर! तुझसे विदा!

[प्रस्थान]

[नगर-प्रांत में पथ]

(धातुसेन और प्रख्यातकीर्त्ति)

प्रख्यात०--प्रिय वयस्य! आज तुम्हें आये तीन दिन हुए, क्या सिंहल का राज्य तुम्हे भारत-पर्य्यटन के सामने तुच्छ प्रतीत होता है?

धातुसेन--भारत समग्र विश्व का है, और सम्पूर्ण वसुन्धरा इसके प्रेम-पाश में आबद्ध है। अनादि-काल से ज्ञान की, मानवता की, ज्योति यह विकीर्ण कर रहा है। वसुन्धरा का हृदय--भारत--किस मूर्ख को प्यारा नहीं है? तुम देखते नहीं कि विश्व का सबसे ऊँचा श्रृंग इसके सिरहाने, और सबसे गम्भीर तथा विशाल समुद्र इसके चरणों के नीचे है? एक-से-एक सुंदर दृश्य प्रकृति ने अपने इस घर में चित्रित कर रक्खा है। भारत के कल्याण के लिये मेरा सर्वस्व अर्पित है। किन्तु देखता हूँ, बौद्ध जनता और संघ भी साम्राज्य के विरुद्ध हैं। महाबोधि-विहार के संघ-महास्थविर ने निर्वाण-लाभ किया है, उस पद के उपयुक्त भारत-भर में केवल प्रख्यातकीर्त्ति है। तुमसे संघ की मलिनता बहुत-कुछ धुल जायगी।

प्रख्यात०--राजमित्र! मुझे क्षमा कीजिये। मैं धर्म्म-लाभ करने के लिये भिक्षु हुआ हूँ, महास्थविर बनने के लिये नहीं।

धातुसेन--मित्र! मैं मातृगुप्त से मिलना चाहता हूँ।

प्रख्यात०--वह तो विरक्त होकर घूम रहा है!

धातुसेन--तुमको मेरे साथ काश्मीर चलना होगा।

प्रख्यात०--पर अभी तो कुछ दिन ठहरोगे?

धातुसेन--जहाँ तक संभव हो, शीघ्र चलो।

(एक भिक्षु का प्रवेश)

भिक्षु--आचार्य्य! महान अनर्थ!

प्रख्यात०--क्या है, कुछ कहो भी?

भिक्षु--विहार के समीप जो चतुष्पथ का चैत्य है, वहाँ कुछ ब्राह्मण बलि किया चाहते हैं! इधर भिक्षु और बौद्ध जनता उत्तेजित है।

धातु०--चलो, हम लोग भी चलें--उन उत्तेजित लोगों को शान्त करने का प्रयत्न करें।

[सब जाते हैं]

[विहार के समीप चतुष्पथ। एक ओर ब्राह्मण लोग बलि का उपकरण लिए, दूसरी ओर भिक्षु और

बौद्ध जनता उत्तेजित।दंडनायक का प्रवेश]

दंडनायक-- नागरिकगण! यह समय अन्तर्विद्रोह का नहीं है। देखते नहीं हो कि साम्राज्य बिना कर्णधार का पोत होकर डगमगा रहा है, और तुम लोग क्षुद्र बातों के लिये परस्पर झगड़ते हो!

ब्राह्मण-- इन्हीं बौद्धों ने गुप्त शत्रु का काम किया है। कई बार के वितांड़ित हूण इन्हीं लोगों की सहायता से पुनः आये हैं। इन गुप्त शत्रुओं को कृतघ्नता का उचित दंड मिलना चाहिये।

श्रमण-- ठीक है। गंगा, यमुना और सरयू के तट पर गड़े हुए यज्ञयूप सद्धर्मिर्मियों की छाती में ठुकी हुई कीलों की तरह अब भी खटकते हैं। हम लोग निस्सहाय थे, क्या करते? विधर्म्मी विदेशी की शरण में भी यदि प्राण बच जायँ और धर्म की रक्षा हो। राष्ट्र और समाज मनुष्यों के द्वारा बनते है-- उन्हीं के सुख के लिये। जिस राष्ट्र और समाज से हमारी सुख-शान्ति में बाधा पड़ती हो, उसका हमें तिरस्कार करना ही होगा। इन संस्थाओं का उद्देश है--मानवों की सेवा। यदि वे हमीं से अवैध सेवा लेना चाहें और हमारे कष्टों को न हटावें, तो हमे उसकी सीमा के बाहर जाना ही पड़ेगा।

ब्राह्मण-- ब्राह्मणों को इतनी हीन अवस्था में बहुत दिनों तक विश्वनियंता नहीं देख सकते। जो जाति विश्व के मस्तिष्क का शासन करने का अधिकार लिए उत्पन्न हुई है, वह कभी चरणों के नीचे न बैठेगी। आज यहाँ बलि होगी-हमारे धर्माचरण में स्वयं विधाता भी बाधा नहीं डाल सकते।

श्रमण-- निरीह प्राणियों के वध में कौन-सा धर्म है ब्राह्मण? तुम्हारी इसी हिंसा-नीति और अहंकारमूलक आत्मवाद का खंडन तथागत ने किया था। उस समय तुम्हारा ज्ञान-गौरव कहाँ था? क्यों नतमस्तक होकर समग्र जम्बूद्वीप ने उस ज्ञान-रणभूमि के प्रधान मल्ल के समक्ष हार स्वीकार की? तुम हमारे धर्म पर अत्याचार किया चाहते हो, यह नहीं हो सकेगा। इन पशुओं के बदले हमारी बलि होगी। रक्त-पिपासु दुर्दान्त ब्राह्मणदेव! तुम्हारी पिपासा हम अपने रुधिर से शांत करेंगे।

धातुसेन-- (प्रवेश करके) अहंकारमूलक आत्मवाद का खंडन करके गौतम ने विश्वात्मवाद को नष्ट नहीं किया। यदि वैसा करते तो इतनी करुणा की क्या आवश्यकता थी? उपनिषदों के नेति-नेति से ही गौतम का अनात्मवाद पूर्ण है। यह प्राचीन महर्षियों का कथित सिद्धान्त, मध्यमा-प्रतिपदा के नाम से, संसार में प्रचारित हुआ; व्यक्तिरूप में आत्मा के सदृश कुछ नहीं है। वह एक सुधार था, उसके लिये रक्तपात क्यों?

दंडनायक-- देखो, यदि ये हठी लोग कुछ तुम्हारे समझाने से मान जायँ, अन्यथा यहाँ बलि न होने दूँगा।

ब्राह्मण-- क्यों न होने दोगे? अधार्मिक शासक! क्यों न होने दोगे? आज गुप्त कुचक्रों से गुप्तसाम्राज्य शिथिल है। कोई क्षत्रिय राजा नहीं, जो ब्राह्मण के धर्म की रक्षा कर सके--जो धर्माचरण के लिये अपने राजकुमारों को तपस्वियों की रक्षा में नियुक्त करें! आह धर्मदेव! तुम कहाँ हो?

धातुसेन-- सप्तसिंधु-प्रदेश नृशंस हूणों से पदाक्रांत है। जाति भीत और त्रस्त है, और उसका धर्म असहाय अवस्था में पैरों से कुचला जा रहा है। क्षत्रिय राजा, धर्म का पालन कराने वाला राजा, पृथ्वी पर क्यों नहीं रह गया? आपने इसे विचारा है? क्यों ब्राह्मण टुकड़ो के लिये अन्य लोगों की उपजीविका छीन रहे हैं? क्यों एक वर्ण के लोग दूसरों की अर्थकरी वृत्तियाँ ग्रहण करने लगे हैं? लोभ ने तुम्हारे धर्म का व्यवसाय चला दिया। दक्षिणाओं की योग्यता से–स्वर्ग, पुत्र, धन, यश, विजय और मोक्ष तुम बेचने लगे। कामना से अंधी जनता के विलासी-समुदाय के ढोंग के लिये तुम्हारा धर्म आवरण हो गया है। जिस धर्म के आचरण के लिये पुष्कल स्वर्ण चाहिये, वह धर्म जन-साधारण की सम्पत्ति नहीं! धर्मवृक्ष के चारों ओर स्वर्ण के काँटेदार जाल फैलाये गये है, और व्यवसाय की ज्वाला से वह दग्ध हो रहा है। जिन धनवानों के लिये तुमने धर्म को सुरक्षित रक्खा, उन्होंने समझा कि धर्म धन से खरीदा जा सकता है। इसलिये धनोपार्जन मुख्य हुआ और धर्म गौण। जो पारस्य-देश की मूल्यवान मदिरा रात को पी सकता है, वह धार्मिक बने रहने के लिये प्रभात में एक गो-निष्क्रय भी कर सकता

है। धर्म को बचाने के लिये तुम्हें राजशक्ति की आवश्यकता हुई। धर्म इतना निर्बल है कि वह पाशव बल के द्वारा सुरक्षित होगा?

ब्राह्मण--तुम कौन हो? मूर्ख उपदेशक! हट जाओ। तुम नास्तिक प्रच्छन्न बौद्ध! तुमको अधिकार क्या है कि हमारे धर्म की व्याख्या करो?

धातुसेन-- ब्राह्मण क्यों महान हैं? इसीलिये कि वे त्याग और क्षमा की मूर्ति हैं। इसीके बल पर बड़े-बड़े सम्राट उनके आश्रमो के निकट निरस्त होकर जाते थे, और वे तपस्वी ऋत और अमृत वृत्ति से जीवन-निर्वाह करते हुए सायं-प्रातः अग्निशाला में भगवान से प्रार्थना करते थे--

सर्वेऽपि सुखिनः सन्तु सर्वे सन्तु निरामयाः
सर्वे भद्राणि पश्यन्तु मा कश्चिद् दुःखमाप्नुयात्

--आप लोग उन्हीं ब्राह्मणों की संतान हैं, जिन्होंने अनेक यज्ञों को एक बार ही बंद कर दिया था। उनका धर्म समयानुकूल प्रत्येक परिवर्तन को स्वीकार करता है; क्योंकि मानवबुद्धि ज्ञान का--जो वेदों के द्वारा हमें मिला है--प्रस्तार करेगी, उसके विकास के साथ बढ़ेगी; और यही धर्म की श्रेष्ठता है।

प्रख्यातकीर्ति-- धर्म के अंधभक्तो! मनुष्य अपूर्ण है। इसलिये सत्य का विकास जो उसके द्वारा होता है, अपूर्ण होता है। यही विकास का रहस्य है। यदि ऐसा न हो तो ज्ञान की वृद्धि असंभव हो जाय। प्रत्येक प्रचारक को कुछ-न-कुछ प्राचीन असत्य-परम्पराओं का आश्रय इसीसे ग्रहण करना पड़ता है। सभी धर्म, समय और देश की स्थिति के अनुसार, विवृत हो रहे हैं और होंगे। हम लोगों को हठधर्मी से उन आगंतुक-क्रमिक पूर्णता प्राप्त करनेवाले ज्ञानों से मुँह न फेरना चाहिये। हम लोग एक ही मूल धर्म की दो शाखाएँ हैं। आओ, हम दोनों अपने उदार विचार के फूलों से दुःख-दग्ध मानवों का कठोर पथ कोमल करें।

बहुत-से लोग-- ठीक तो है, ठीक तो है। हम लोग व्यर्थ आपस मे ही झगड़ते हैं और आततायियों को देखकर घर में घुस जाते हैं। हूणों के सामने तलवारें लेकर इसी तरह क्यों नहीं अड़ जाते?

दंडनायक-- यही तो बात है नागरिक!

प्रख्यातकीर्ति-- मैं इस विहार का आचार्य हूँ, और मेरी सम्मति धार्मिक झगड़ों में बौद्धों को माननी चाहिये। मै जानता हूँ कि भगवान ने प्राणिमात्र को बराबर बनाया है, और जीव-रक्षा इसी लिये धर्म है। किन्तु जब तुम लोग स्वयं इसके लिये युद्ध करोगे, तो हत्या की संख्या बढ़ेगी ही। अतः यदि तुममें कोई सच्चा धार्मिक हो तो वह आगे आवे, और ब्राह्मणों से पूछे कि आप मेरी बलि देकर इतने जीवों को छोड़ सकते हैं। क्योंकि इन पशुओं से मनुष्यों का मूल्य ब्राह्मणों की दृष्टि में भी विशेष होगा। आइये, कौन आता है, किसे बोधिसत्व होने की इच्छा है?

(बौद्धों में से कोई नहीं मिलता)

प्रख्यात०-- (हँसकर) यही आपका धर्मोन्माद था? एक युद्ध करनेवाली मनोवृत्ति की प्रेरणा से उत्तेजित होकर अधर्म करना और धर्माचरण की दुन्दभी बजाना--यही आपकी करुणा की सीमा है? जाइये, घर लौट जाइये। (ब्राह्मण से।) आओ रक्त-पिपासु धार्मिक! लो, मेरा उपहार देकर अपने देवता को संतुष्ट करो! (सिर झुका लेता है)

ब्राह्मण-- (तलवार फेंककर) धन्य हो महाश्रमण! मै नहीं जानता था कि तुम्हारे-ऐसे धार्मिक भी इसी संघ में है! मैं बलि नहीं करूँगा।

[जनता में जयजयकार; सब्ब धीरे-धीरे जाते हैं]

[पथ में विजया और मातृगुप्त]

विजया-- नहीं कविवर! ऐसा नहीं।

मातृगुप्त-- कौन, विजया?

विजया-- आश्चर्य्य और शोक का समय नहीं है। सुकविशिरोमणी! गा चुके मिलन-संगीत, गा चुके कोमल कल्पनाओ के लचीले गान, रो चुके प्रेम के पचड़े? एक बार वह उद्बोधनगीत गा दो कि भारतीय अपनी नश्वरता पर विश्वास करके अमर भारत की सेवा के लिये सन्नद्ध हो जायें!

मातृगुप्त-- देवी! तुम देवी ......

विजया-- हाँ मातृगुप्त! एक प्राण बचाने के लिये जिसने तुम्हारे हाथ में काश्मीर-मंडल दे दिया था, आज तुम उसी सम्राट् को खोजते हो। एक नहीं, ऐसे सहस्र स्कन्दगुप्त, ऐसे सहस्रों देव-तुल्य उदार युवक, इस जन्म-भूमि पर उत्सर्ग हो जायँ! सुना दो वह संगीत-- जिससे पहाड़ हिल जाय और समुद्र काँपकर रह जाय; अँगड़ाइयाँ लेकर मुचकुन्द की मोहनिद्रा से भारतवासी जग पड़ें। हम-तुम गली-गली कोने-कोने पर्य्यटन करेंगे, पैर पड़ेंगे, लोगो को जगावेंगे!

मातृगुप्त-- वीरबाले! तुम धन्य हो। आज से मैं यही करूँगा। (देखकर) वह लो--चक्रपालित आ रहा है!

(चक्रपालित का प्रवेश)

चक्र-- लक्ष्मी की लीला, कमल के पत्तों पर जल-बिन्द, आकाश के मेघ-समारोह-- अरे इनसे भी क्षुद्र निहार-कणिकाओं की प्रभात-लीला। मनुष्य की अदृष्ट-लिपि वैसी ही है जैसी अग्नि-रेखाओं से कृष्ण मेघ में बिजली की वर्णमाला--एक क्षण में प्रज्वलित, दूसरे क्षण में विलीन होनेवाली। भविष्यत् का अनुचर तुच्छ मनुष्य केवल अतीत का स्वामी है!

मातृगुप्त--बन्धु चक्रपालित!

चक्र०--कौन, मातृगुप्त?

भीम०--(सहसा प्रवेश करके) कहाँ है मेरा भाई, मेरे हृदय का बल, भुजाओं का तेज, वसुन्धरा का श्रृंगार, वीरता का वरणीय बंधु, मालव-मुकुट आर्य्य बंधुवर्म्मा?

(प्रख्यातकीर्ति और श्रमण का प्रवेश)

प्रख्यात०--सब पागल, लुट गये-से, अनाथ और आश्रयहीन-- यही तो हैं! आर्य्यराष्ट्र के कुचले हुए अंकुर, भग्न साम्राज्य-पोत के टूटे हुए पटरे और पतवार, ऐसे वीर हृदय! ऐसे उदार!!

मातृगुप्त--तुम कौन हो?

प्रख्यात०--सम्भवतः तुम्ही मातृगुप्त हो!

मातृगुप्त--(शंका से देखता हुआ) क्यों अहेरी कुत्तों के समान सूँघते हुए यहाँ भी! परंतु तुम ......

प्रख्यात०--संदेह मत करो मातृगुप्त! शैशव-सहचर कुमार धातुसेन की आज्ञा से मैं तुम लोगों को खोज रहा हूँ। यह लो प्रमाण-पत्र।

मातृगुप्त--(पढ़कर) धन्य सिंहल के युवराज श्रमण! कह देना, मैं आज्ञानुसार चलूंगा, और कनिष्क-चैत्य के समीप भेंट होगी।

प्रख्यातकीर्ति---कल्याण हो! (जाता है)

विजया---कहाँ चले हम लोग?

मातृगुप्त---उसी जंगल में।

[सब लोग जाते हैं]

[कमला की कुटी]

(विचित्र अवस्था में स्कंदगुप्त का प्रवेश)

स्कंद०-- बौद्धों का निर्वाण, योगियों की समाधि और पागलों की-सी सम्पूर्ण विस्मृति मुझे एक साथ चाहिये। चेतना कहती है कि तू राजा है, और उत्तर में जैसे कोई कहता है कि तू खिलौना है-- उसी खिलवाड़ी वटपत्रशायी बालक के हाथों का खिलौना है। तेरा मुकुट श्रमजीवी की टोकरी से भी तुच्छ है!

करुणा-सहचर! क्या जिसपर कृपा होती है, उसीको दुःख का अमोघ दान देते हो? नाथ! मुझे दुःखों से भय नहीं, संसार के संकोच-पूर्ण संकेतों की लज्जा नहीं। वैभव की जितनी कड़ियाँ टूटती हैं, उतना ही मनुष्य बंधनों से छूटता है, और तुम्हारी ओर अग्रसर होता है! परन्तु......यह ठीकरा इसी सिर पर फूटने को था! आर्य्य-साम्राज्य का नाश इन्हीं आँखो को देखना था! हृदय काँप उठता है, देशाभिमान गरजने लगता है! मेरा स्वत्व न हो, मुझे अधिकार की आवश्यकता नहीं। यह नीति और सदाचारों का महान आश्रय-वृक्ष-गुप्तसाम्राज्य-हरा-भरा रहे, और कोई भी इसका उपयुक्त रक्षक हो। ओह! जाने दो, गया, सब कुछ गया! मन बहलाने को कोई वस्तु न रही। कर्त्तव्य-विस्मृत; भविष्य- -अंधकार-पूर्ण, लक्ष्यहीन दौड़ और अनंत सागर का संतरण है!

बजा दो वेणु मनमोहन! बजा दो
हमारे सुप्त जीवन को जगा दो
विमल स्वातंत्र्य का वस मंत्र को
हमे सब भीति-धंधन से छुड़ा दो
सहारा उन अँगुलियों का मिले हाँ
रसीले राग में मन को मिला दो
तुम्हीं सत हो इसीकी चेतना हो
इसे आनन्दमय जीवन बना दो

(प्रार्थना में झुकता है; उन्मत्त भाव से शर्वनाग का प्रवेश)

शर्व०-- छीन लिया, गोद से छीन लिया; सोने के लोभ से मेरे लालों को शूल पर के माँस की तरह सेंकने लगे! जिनपर विश्व-भर का भंडार लुटाने को मैं प्रस्तुत था, उन्हीं गुदड़ी के लालों को राक्षसों ने- -हूणों ने--लुटेरों ने--लूट लिया! किसने आहों को सुना?--भगवान ने? नहीं, उस निष्ठर ने नहीं सुना। देखते हुए भी न देखा। आते थे कभी एक पुकार पर, दौड़ते थे कभी आधी आह पर, अवतार लेते थे कभी आर्य्यों की दुर्दशा से दुखी होकर; अब नहीं। देश के हरे कानन चिता बन रहे हैं। धधकती हुई नाश की प्रचंड ज्वाला दिग्दाह कर रही है। अपने ज्वालामुखियों को बर्फ की मोटी चादर से छिपाये हिमालय मौन है, पिघलकर क्यों नहीं समुद्र से जा मिलता? अरे जड़, मूक, बधिर, प्रकृति के टीले!

(उन्मत्त भाव से प्रस्थान)

स्कंद०-- कौन है? यह शर्वनाग है क्या? क्या अन्तर्वेद भी हूणों से पादाक्रांत हुआ? अरे आर्य्यावर्त्त के दुर्दैव बिजली के अक्षरों से क्या भविष्यत् लिख रहा है? भगवन्! यह अर्धोन्मत्त शर्व! आर्य्यसाम्राज्य की हत्या का कैसा भयानक दृश्य है? कितना वीभत्स है! सिंहों की विहारस्थली में श्रृंगाल-वृन्द सड़ी लोथ नोच रहे हैं!

(पगली रामा का प्रवेश; स्कंद को देखकर)

रामा-- लुटेरा है तू भी! क्या लेगा, मेरी सूखी हड्डियाँ? तेरे दाँतों से टूटेंगी? देख ते--(हाथ चढ़ाती है)

स्कंद०-- कौन? रामा!

रामा-- (आश्चर्य से) मैं रामा हूँ! हाँ, जिसकी संतान को हूणों ने पीस डाला! (ठहरकर) मेरी? मेरी

संतान! इन अभागों की-सी वे नहीं थी। वे तो तलवार की बारीक धार पर पैर फैलाकर सोना जानती थी! धधकती हुई ज्वाला में हँसते हुए कूद पड़ती थी। तुम (देखती हुई) लुटेरे भी नहीं, उहूँ, कायर भी नहीं; अकर्म्मण्य बातो में भुलानेवाले तुम कौन हो? देखा था एक दिन! वही तो है जिसने अपनी प्रचंड हुङ्कार से दस्युओ को कँपा दिया था, ठोकर मारकर सोई हुई अकर्म्मण्य जनता को जगा दिया था, जिसके नाम से रोएँ खड़े हो जाते थे, भुजाएँ फड़कने लगती थीं। वही स्कंद--रमणियों का रक्षक, बालको का विश्वास, वृद्धों का आश्रय, और आर्य्यावर्त्त की छत्रच्छाया। नहीं, भ्रम हुआ! तुम निष्प्रभ, निस्तेज, उसीके मलिन-चित्र-से तुम कौन हो? (प्रस्थान)

स्कंद०-- (बैठकर) आह! मैं वही स्कंद हूँ-- अकेला निस्सहाय!

(कमला कुटी खोलकर बाहर निकलती है)

कमला-- कौन कहता है तुम अकेले हो? समग्र संसार तुम्हारे साथ है। स्वानुभूति को जागृत करो। यदि भविष्यत् से डरते हो कि तुम्हारा पतन ही समीप है, तो तुम उस अनिवार्य्य स्रोत से लड़ जाओ। तुम्हारे प्रचंड और विश्वासपूर्ण पदाघात से विंध्य के समान कोई शैल उठ खड़ा होगा, जो उस विघ्न-स्रोत को लौटा देगा। राम और कृष्ण के समान क्या तुम भी अवतार नहीं हो सकते? समझ लो, जो अपने कर्म्मों को ईश्वर का कर्म्म समझकर करता है, वही ईश्वर का अवतार है। उठो स्कंद! आसुरी वृत्तियों का नाश करो, सोनेवालों को जगाओ, और रोनेवालो को हँसाओ। आर्य्यावर्त्त तुम्हारे साथ होगा और उस आर्य्य-पताका के नीचे समग्र विश्व होगा। वीर!

स्कंद-- कौन तुम? भटार्क की जननी!

(नेपथ्य से क्रन्दन–‘बचाओ बचाओ!’ का शब्द)

स्कंद०-- कौन? देवसेना का-सा शब्द! मेरा खड्ग कहाँ है? (जाता है)

(देवसेना का पीछा करते हुए हूण का प्रवेश)

देवसेना-- भीम! भाई! मुझे इस अत्याचारी से बचाओ, कहाँ गये?

हूण-- कौन तुझे बचाता है! (पकड़ना चाहता है, देवसेना छुरी निकालकर आत्म-हत्या किया चाहती है। पर्णदत्त सहसा एक ओर से आकर एक हाथ से हूण की गर्दन, दूसरे हाथ से देवसेना की छुरी पकड़ता है।)

हूण-- क्षमा हो!

पर्णदत्त-- अत्याचारी! जा, तुझे छोड़ देता हूँ। आ बेटी, हम लोग चलें महादेवी की समाधि पर।

कमला-- कहाँ, वहीं--कनिष्क के स्तूप के पास?

देवसेना-- हाँ, कौन--कमला देवी?

कमला-- वही अभागिनी।

देवसेना-- अच्छा, जाती हूँ; फिर मिलूँगी।

(पर्णदत्त के साथ देवसेना का प्रस्थान)

(स्कंद का प्रवेश)

स्कंद०-- कोई नहीं मिला। कहाँ से वह पुकार आई थी? मेरा हृदय व्याकुल हो उठा है। सच्चे मित्र बंधुवर्म्मा की धरोहर! ओह!

कमला-- वह सुरक्षित है, घबराइये नहीं। कनिष्क के स्तूप के पास आपकी माता की समाधि है, वहीं पर पहुँचा दी गई है।

स्कंद-- मा! मेरो जननी! तू भी न रही! हा!
(मूर्च्छित होता है; कमला उसे कुटी में उठा ले जाती है।)
[पटाक्षेप]

पंचम अंक

मुद्गल-- राजा से रंक और ऊपर से नीचे; कभी दुवृत्त दानव, कभी स्नेह-संवलित मानव; कहीं वीणा की झनकार, कहीं दीनता का तिरस्कार। (सिरपर हाथ रखकर बैठ जाता है)

भाग्यचक्र! तेरी बलिहारी! जयमाला यह सुनकर कि बंधुवर्म्मा वीरगति को प्राप्त हुए, सती हो गई, और देवसेना को लेकर बूढ़ा पर्णदत्त देवकुलिक का-सा महादेवी की समाधि पर जीवन व्यतीत कर रहा है। चक्रपालित, भीमवर्म्मा और मातृगुप्त, राजाधिराज को खोज रहे है। सब विक्षिप्त! सुना है कि विजया का मन कुछ फिरा है, वह भी इन्हीं लोगो के साथ मिली है; परंतु उसपर विश्वास करने का मन नहीं करता। अनंतदेवी ने पुरगुप्त के साथ हूणो से संधि कर ली हैं; मगध में महादेवी और परम भट्टारक बनने का अभिनय हो रहा है! सम्राट् की उपाधि है "प्रकाशादित्य"; परन्तु प्रकाश के स्थान पर अंधेरा है! आदित्य में गर्मी नहीं। सिंहासन के सिंह सोने के है! समस्त भारत हूणों के चरणों में लोट रहा है, और भटार्क मूर्ख की बुद्धि के समान अपने कर्मों पर पश्चात्ताप कर रहा है। (सामने देखकर) वह विजया आ रही है! तो हट चलूँ।

(उठकर जाना चाहता है)

विजया-- अरे मुद्गल! जैसे पहचानता ही न हो। सच है, समय बदलने पर लोगों की आंखें भी बदल जाती हैं।

मुद्गल-- तुम कौन हो जी? मुझे बेजान-पहचान की छेड़छाड़ अच्छी नहीं लगती और तिसपर मैं हूँ ज्योतिषी। जहाँ देखो वहीं यह प्रश्न होता है; मुझे उन बातों के सुनने में भी संकोच होता है- «मुझसे रूठे हुए हैं? किसी दूसरे पर उनका स्नेह है? वह सुन्दरी कब मिलेगी? मिलेगी या नहीं?? --इस देश के छबीले छैल और रसीली छोकरियों ने यही प्रश्न गुरूजी से पाठ में पढ़ा है। अभिचार के लिये, जुआ खेलने के लिये, प्रेम के लिये, और भी, अभिसार के लिये, मुहूर्त पूछे जाते हैं!

विजया-- क्या मुद्गल! मुझे पहचान लेने का भी तुम्हें अवकाश नहीं है?

मुद्गल-- अवकाश हो या नहीं, मुझे आवश्यकता नहीं।

विजया-- क्या आवश्यकता न होने से मनुष्य, मनुष्य से बात न करें? सच है, आवश्यकता ही संसार के व्यवहारों की दलाल है! परन्तु मनुष्यता भी कोई वस्तु है मुद्गल!

मुद्गल-- उसका नाम न लो। जिस हृदय में अखंड वेग है, तीव्र तृष्णा से जो पूर्ण है, जो कृतघ्नता और क्रूरताओं का भंडार है, जो अपने सुख--अपनी तृप्ति के लिये संसार में सब कुछ करने को प्रस्तुत है, उसका मनुष्यता से क्या सम्बन्ध?

विजया-- न सही, परन्तु इतना तो बता सकोगे, सम्राट् स्कंदगुप्त से कहाँ भेंट होगी? क्योंकि यह पता चला है कि वे जीवित हैं। मुद्गल-- क्या तुम महाराज से भेंट करोगी, किस मुँह से? अवन्ती में एक दिन यह बात सब जानते थे कि विजया महादेवी होगी!

विजया-- उसी एक दिन के बदले मुद्गल! आज मैं फिर कुछ कहना चाहती हूँ। वही एक दिन का

अतीत आज तक का भविष्य छिपाये था।

मुद्गल-- तुम्हारा साहस तो कम नहीं है।

विजया-- मुद्गल! बता दोगे?

मुद्गल-- तुम विश्वास के योग्य नहीं। अच्छा अब और तुम क्या कर लोगी। देवसेना के साथ जहाँ पर्णदत्त रहते हैं, आज कमलादेवी के कुटीर से सम्राट् वहीं अपनी जननी की समाधि पर जानेवाले हैं, उसी कनिष्क-स्तूप के पास। अच्छा, मैं जाता हूँ। देखो विजया! मैंने बता तो दिया, पर सावधान!

(जाता है)

विजया-- उसने ठीक कहा। मुझे स्वयं अपने पर विश्वास नहीं। स्वार्थ में ठोकर लगते ही मैं परमार्थ की ओर दौड़ पड़ी। परन्तु क्या यह सच्चा परिवर्त्तन है? क्या मैं अपने को भूलकर देशसेवा कर सकूँगी? क्या देवसेना••••ओह! फिर मेरे सामने वही समस्या। आज तो स्कन्दगुप्त सम्राट् नहीं है; प्रतिहिंसे, सो जा। क्या कहा? नहीं, देवसेना ने एक बार मूल्य देकर खरीदा था, परन्तु विजया भी एक बार वही करेगी। देशसेवा तो होगी ही, यदि मैं अपनी भी कामना पूरी कर सकती! मेरा रत्नगृह अभी बचा है, उसे सेना-संकलन करने के लिये सम्राट् को दूँगी, और एक बार बनूँगी महादेवी। क्या नहीं होगा? अवश्य होगा। अदृष्ट ने इसीलिये उस रक्षित रत्नगृह को बचाया है! उससे एक साम्राज्य ले सकती हूँ! तो आज वही करूँगी, और इसमें दोनों होगा-- स्वार्थ और परमार्थ!

(प्रस्थान)

(भटार्क का प्रवेश)

भटार्क--अपने कुकर्मों का फल चखने में कड़वा, परन्तु परिणाम में मधुर होता है। ऐसा वीर, ऐसा उपयुक्त और ऐसा परोपकारी सम्राट्। परन्तु गया- मेरी ही भूल से सब गया! आज भी वे शब्द सामने आ जाते हैं, जो उस बूढ़े आमात्य ने कहा था-- «भटार्क, सावधान! जिस कालभुजंगी राष्ट्रनीति को लेकर तुम खेल रहे हो, प्राण देकर भी उसकी रक्षा करना।» हाय! न हम उसे वश में कर सकें और न तो उससे अलग हो सके! मेरी उच्च आकांक्षा, वीरता का दम्भ, पाखंड की सीमा तक पहुँच गया। अनन्तदेवी--एक क्षुद्र नारी--उसके कुचक्र में, आशा के प्रलोभन में, मैंने सब बिगाड़ दिया। सुना है कि कहीं यहीं स्कंदगुप्त भी हैं; चलूँ उस महत् का दर्शन तो कर लूँ।

[कनिष्क-स्तूप के पास महादेवी की समाधि]

(अकेला पर्णदत्त, टहलते हुए)

पर्णदत्त-- सूखी रोटियाँ बचाकर रखनी पड़ती हैं। जिन्हें कुत्तों को देते हुए संकोच होता था, उन्हीं कुत्सित अन्नों का संचय! अक्षय निधि के समान उनपर पहरा देता हूँ। मैं रोऊँगा नहीं; परंतु यह रक्षा क्या केवल जीवन का बोझ वहन करने के लिये है? नहीं, पर्ण! रोना मत। एक बूँद भी आँसू आँखों में न दिखाई पड़े। तुम जीते रहो, तुम्हारा उद्देश सफल होगा। भगवान यदि होंगे तो कहेंगे कि मेरी सृष्टि में एक सच्चा हृदय था। सन्तोष कर उछलते हुए हृदय! संतोष कर, तू रोटियो के लिये नहीं जीता है; तू उसकी भूल दिखाता है, जिसने तुझे उत्पन्न किया है। परंतु जिस काम को कभी नहीं किया, उसे करते नहीं बनता, स्वांग भरते नहीं बनता; देश के बहुत-से दुर्दशा-ग्रस्त वीर-हृदयों की सेवा के लिये करना पड़ेगा। मैं क्षत्रिय हूँ, मेरा यह पाप ही श्रापद्धर्म्म होगा; साक्षी रहना भगवन!

(एक नागरिक का प्रवेश)

पर्ण-- बाबा! कुछ दे दो।

नागरिक-- और वह तुम्हारी कहाँ गई वह……(संकेत करता है)

पर्ण०-- मेरी बेटी स्नान करने गई है। बाबा! कुछ दे दो।

नागरिक-- मुझे उसका गान बड़ा प्यारा लगता है, अगर वह गाती, तो तुम्हे कुछ अवश्य मिल जाता। अच्छा, फिर आऊँगा। (जाता है) पर्ण०-- (दाँत पीसकर)-- नीच, दुरात्मा, विलास का नारकीय कीड़ा! बालों को सँवारकर, अच्छे कपड़े पहनकर, अब भी घमंड़ से तना हुआ निकलता है? कुलवधुओं का अपमान सामने देखते हुए भी अकड़कर चल रहा है; अब तक विलास और नीच वासना नहीं गई! जिस देश के युवक ऐसे हों, उसे अवश्य दूसरों के अधिकार में जाना चाहिये। देश पर यह विपत्ति, फिर भी यह निराली धज!

देवसेना-- (प्रवेश करके) क्या है बाबा! क्यों चिढ़ रहे हो? जाने दो, जिसने नहीं दिया--उसने अपना; कुछ तुम्हारा तो नहीं ले गया!

पर्ण-- अपना! देवसेना! अन्न पर स्वत्व है भूखों का और धन पर स्वत्व है देशवासियों का। प्रकृति ने उन्हें हमारे लिये-- हमे भूखों के लिये रख छोड़ा है। वह थाती है; उसे लौटाने में इतनी कुटिलता! विलास के लिये उनके पास पुष्कल धन है, और दरिद्रों के लिये नहीं? अन्याय का समर्थन करते हुए तुम्हें भूल न जाना चाहिए कि......

देवसेना-- बाबा! क्षमा करो। आने दो, कोई तो देगा।

पर्ण०-- हमारे ऊपर सैकड़ों अनाथ वीरों के बालकों का भार है। बेटी! वे युद्ध में मरना जानते हैं, परंतु भूख से तड़पते हुए उन्हें देखकर आँखों से रक्त गिर पड़ता है।

देवसेना-- बाबा! महादेवी की समाधि स्वच्छ करती हुई आ रही हूँ। कई दिन से भीम नहीं आया, मातृगुप्त भी नहीं! सब कहाँ हैं? पर्ण०-- आवेंगे बेटी! तुम बैठो, मैं अभी आता हूँ।

(प्रस्थान)

देवसेना-- संगीत-सभा की अन्तिम लहरदार और आश्रयहीन तान, धूपदान की एक कीण गंध-धूम-रेखा, कुचले हुए फूलों का म्लान सौरभ, और उत्सव के पीछे का अवसाद, इन सबों की प्रतिकृति मेरा क्षुद्र नारी-जीवन! मेरे प्रिय गान! अब क्यों गाऊँ और क्या सुनाऊँ? इस बार-बार के गाये हुए गीतों में क्या आकर्षण है--क्या बल है जो खींचता है? केवल सुनने की ही नहीं, प्रत्युत् जिसके साथ अनन्त काल तक कंठ मिला रखने की इच्छा जग जाती है।

(गाती है)

शून्य गगन में खोजता जैसे चन्द्र निराश
राका में रमणीय यह किसका मधुर प्रकाश
हृदय! तू खोजता किसको छिपा है कौन-सा तुझमें
मचलता है बता क्या दूँ छिपा तुझसे न कुछ मुझमें
रस-निधि में जीवन रहा, मिटी न फिर भी प्यास
मुँह खोले मुक्तामयी सीपी स्वाती आस
हृदय! तू है बना जलनिधि, लहरियाँ खेलती तुझमें
मिला अब कौन-सा नवरत्न जो पहले न था तुझमें

(प्रस्थान)

(वेश बदले हुए स्कन्दगुप्त का प्रवेश)

स्कंद०-- जननी! तुम्हारी पवित्र स्मृति को प्रणाम।

(समाधि के समीप घुटने टेककर फूल चढ़ाता है)

माँ! अन्तिम बार आशीर्वाद नहीं मिला, इसीसे यह कष्ट; यह अपमान। माँ! तुम्हारी गोद में पलकर भी तुम्हारी सेवा न कर सका--यह अपराध क्षमा करो।

(देवसेना का प्रवेश)

देवसेना--(पहचानती हुई) कौन? अरे! सम्राट् की जय हो!

स्कंद॰-- देवसेना!

देवसेना-- हाँ राजाधिराज! धन्य भाग्य, रज दर्शन हुए।

स्कंद॰-- देवसेना! बड़ी-बड़ी कामनाएँ थीं।

देवसेना-- सम्राट!

स्कंद॰-- क्या तुमने यहाँ कोई कुटी बना ली है?

देवसेना-- हाँ, यहीं गाकर भीख माँगती हूँ, और आर्य्य पर्दणत्त के साथ रहती हुई महादेवी की समाधि परिष्कृत करती हूँ।

स्कंद॰-- मालवेश-कुमारी देवसेना! तुम और यह कर्म्म! समय जो चाहे करा ले। कभी हमने भी तुझे अपने काम का बनाया था। देवसेना! यह सब मेरा प्रायश्चित्त है। आज मैं बंधुवर्म्मा की आत्मा को क्या उत्तर दूँगा? जिसने निःस्वार्थ भाव से सब कुछ मेरे चरणों में अर्पित कर दिया था, उससे कैसे उऋण होऊँगा? मैं यह सब देखता हूँ और जीता हूँ।

देवसेना-- मैं अपने लिये ही नहीं माँगती देव! आर्य्य पर्णदत्त ने साम्राज्य के बिखरे हुए सब रत्न एकत्र किये हैं, वे सब निर-विलम्ब हैं। किसीके पास टूटी हुई तलवार ही बची है, तो किसीके जीर्ण वस्त्र-खंड। उन सबकी सेवा इसी आश्रम में होती है।

स्कंद॰--वृद्ध पर्णदत्त, तात पर्णदत्त! तुम्हारी यह दशा? जिसके लोहे से आग बरसती थी, वह जंगल की लकड़ियाँ बटोरकर आग सुलगाता है! देवसेना! अब इसका कोई काम नहीं; चलो महादेवी की समाधि के सामने प्रतिश्रुत हों, हम तुम अब अलग न होंगे। साम्राज्य तो नहीं है, मैं बचा हूँ; वह अपना ममत्व तुम्हें अर्पित करके उऋण होऊँगा, और एकांतवास करूँगा।

देवसेना--सो न होगा सम्राट्! मैं दासी हूँ। मालव ने जो देश के लिये उत्सर्ग किया है, उसका प्रतिदान लेकर मृत आत्मा का अपमान न करूँगी। सम्राट! देखो, यहीं पर सती जयमाला की भी छोटी-सी समाधि है, उसके गौरव की भी रक्षा होनी चाहिये।

स्कंद॰--देवसेना! बंधु बंधुवर्म्मा की भी तो यही इच्छा थी।

देवसेना--परंतु क्षमा हो सम्राट्! उस समय आप विजया का स्वप्न देखते थे; अब प्रतिदान लेकर मैं उस महत्त्व को कलंकित न करूँगी। मै आजीवन दासी बनी रहूँगी; परंतु आपके प्राप्य में भाग न लूँगी।

स्कंद॰--देवसेना! एकांत में, किसी कानन के कोने में, तुम्हें देखता हुआ, जीवन व्यतीत करूँगा। साम्राज्य की इच्छा नहीं—एक बार कह दो। देवसेना-- तब तो और भी नहीं। मालव का महत्त्व तो रहेगा ही, परन्तु उसका उद्देश्य भी सफल होना चाहिये। आपको अकर्म्मण्य बनाने के लिये देवसेना जीवित न रहेगी। सम्राट, क्षमा हो। इस हृदय में ..... आह! कहना ही पड़ा, स्कंदगुप्त को छोड़कर न तो कोई दूसरा आया और न वह जायगा। अभिमानी भक्त के समान निष्काम होकर मुझे उसीकी उपासना करने दीजिये; उसे कामना के भँवर में फंसाकर कलुषित न कीजिये। नाथ! मैं आपकी ही हूँ, मैंने अपने को दे दिया है, अब उसके बदले कुछ लिया नहीं चाहती।

(पैर पर गिरती है)

स्कंद०-- (आँसू पोंछता हुआ) उठो देवसेना! तुम्हारी विजय हुई। आज से मैं प्रतिज्ञा करता हूँ कि, मैं कुमार-जीवन ही व्यतीत करूँगा। मेरी जननी की समाधि इसमें साक्षी है।

देवसेना-- हैं, हैं, यह क्या किया!

स्कंद-- कल्याण का श्रीगणेश। यदि साम्राज्य का उद्धार कर सका तो उसे पुरगुप्त के लिये निष्कंटक छोड़ जा सकूँगा।

देवसेना-- (निःश्वास लेकर) देवव्रत! तुम्हारी जय हो। जाऊँ आर्य्य पर्णदत्त को लिवा लाऊँ। (प्रस्थान)

(विजया का प्रवेश)

विजया-- इतना रक्तपात और इतनी ममता, इतना मोह-- जैसे सरस्वती के शोणित जल में इन्दीवर का विकास। इस कारण अब मैं भी मरती हूँ। मेरे स्कंद! मेरे प्राणाधार!

स्कंद--(घूमकर)--यह कौन, इन्द्रजाल मंत्र? अरे विजया!

विजया--हाँ, मैं ही हूँ।

स्कंद--तुम कैसे?

विजया--तुम्हारे लिये मेरे अन्तस्तल की आशा जीवित है!

स्कंद--नहीं विजया! उस खेल को खेलने की इच्छा नहीं; यदि दूसरी बात हो तो कहो। उन बातो को रहने दो।

विजया--नहीं, मुझे कहने दो। (सिसकती हुई) मैं अब भी.........

स्कंद--चुप रहो विजया! यह मेरी आराधना की तपस्या की भूमि है, इसे प्रवञ्चना से कलुषित न करो। तुमसे यदि स्वर्ग भी मिले, तो मैं उससे दूर ही रहना चाहता हूँ।

विजया--मेरे पास अभी दो रत्न-गृह छिपे हैं, जिनसे सेना एकत्र करके तुम सहज ही इन हूणो को परास्त कर सकते हो।

स्कंद०--परन्तु साम्राज्य के लिये मैं अपने को नही बेच सकता। विजया! चली जाओ; इस निर्लज्ज प्रलोभन की आवश्यकता नहीं। यह प्रसङ्ग यही तक।

विजया--मैंने देशवासियों को सन्नद्ध करने का संकल्प किया है, और भटार्क का संसर्ग छोड़ दिया है। तुम्हारी सेवा के उपयुक्त बनने का उद्योग कर रही हूँ। मैं मालव और सौराष्ट्र को तुम्हारे लिये स्वतंत्र करा दूँगी; अर्थ-लोभी हूण-दस्युओं से उसे छुड़ा लेना मेरा काम है। केवल तुम स्वीकार कर लो।

स्कंद०--विजया! तुमने मुझे इतना लोभी समझ लिया है? मैं सम्राट बनकर सिंहासन पर बैठने के लिये नहीं हूँ। शस्त्र-बल से शरीर देकर भी यदि हो सका तो जन्म-भूमि का उद्धार कर लूँगा। सुख के लोभ से, मनुष्य के भय से, मैं उत्कोच देकर क्रीत साम्राज्य नहीं चाहता।

विजया--क्या जीवन के प्रत्यक्ष सुखो से तुम्हें वितृष्णा हो गई है? आओ, हमारे साथ बचे हुए जीवन का आनंद लो।

स्कंद०--और असहाय दीनों को, राक्षसों के हाथ, उनके भाग्य पर छोड़ दें?

विजया--कोई दुःख भोगने के लिये है, कोई सुख। फिर सबका बोझ अपने सिर पर लादकर क्यो व्यस्त होते हो?

स्कंद०--परंतु इस संसार का कोई उद्देश है। इसी पृथ्वी को स्वर्ग होना है, इसीपर देवताओं का निवास होगा; विश्व-नियन्ता का ऐसा ही उद्देश मुझे विदित होता है। फिर उसकी इच्छा क्यो न पूर्ण करूँ? विजया! मैं कुछ नहीं हूँ, उसका अस्त्र हूँ--परमात्मा का अमोघ अस्त्र हूँ। मुझे उसके संकेत

पर केवल अत्याचारियो के प्रति प्रेरित होना है। किसीसे मेरी शत्रुता नहीं, क्योंकि मेरी निज की कोई इच्छा नहीं। देशव्यापी हलचल के भीतर कोई शक्ति कार्य कर रही है, पवित्र प्राकृतिक नियम अपनी रक्षा करने के लिये स्वयं सन्नद्ध हैं। मैं उसी-ब्रह्मचक्र का एक ...

विजया--रहने दो यह थोथा ज्ञान। प्रियतम! यह भरा हुआ यौवन और प्रेमी हृदय विलास के उपकरणों के साथ प्रस्तुत है। उन्मुक्त आकाश के नील-नीरद-मंडल में दो बिजलियों के समान क्रीड़ा करते-करते हम लोग तिरोहित हो जायँ। और उस क्रीड़ा में तीव्र आलोक हो, जो हम लोगों के विलीन हो जाने पर भी जगत् की आँखों को थोड़े काल के लिये बन्द कर रक्खे। स्वर्ग की कल्पित अप्सराएँ और इस लोक के अनंत पुण्य के भागी जीव भी जिस सुख को देखकर आश्चर्यचकित हों, वही मादक सुख, घोर आनन्द, विराट विनोद, हम लोगों का आलिङ्गन करके धन्य हो जाय!--

अगरु-धूम की श्याम लहरियाँ उलझी हों इन अलकों से
मादकता-लाली के डोरे इधर फँसे हो पलकों से

व्याकुल बिजली-सी तुम मचलो आर्द्र-हृदय-घनमाला से
आँसू बरुनी से उलझे हों, अधर प्रेम के प्याला से

इस उदास मन की अभिलाषा अँटकी रहे प्रलोभन से
व्याकुलता सौ-सौ बल खाकर उलझ रही हो जीवन से

छवि-प्रकाश-किरणें उलझी हों जीवन के भविष्य तम से
ये लायेंगी रङ्ग सुलालित होने दो कम्पन सम से

इस आकुल जीवन की घड़ियाँ इन निष्ठर आघातों से
बजा करें अगणित यन्त्रों से सुख-दुख के अनुपातों से

उखड़ी साँसें उलझ रही हों धड़कन से कुछ परिमित हो
अनुनय उलझ रहा हो तीखे तिरस्कार से लांछित हो

यह दुर्बल दीनता रहे उलझी फिर चाहे ठुकराओ
निर्दयता के इन चरणों से, जिसमें तुम भी सुख पाओ

(स्कन्द के पैरों को पकड़ती है)

स्कंद--(पैर छुड़ाकर) विजया! पिशाची! हट जा; नहीं जानती, मैंने आजीवन कौमार-व्रत की प्रतिज्ञा की है।

विजया--तो क्या मै फिर हारी?

(भटार्क का प्रवेश)

भटार्क--निर्लज्ज हारकर भी नहीं हारता, मरकर भी नहीं मरता।

विजया--कौन, भटार्क?

भटार्क--हाँ, तेरा पति भटार्क। दुश्चरित्रे! सुना था कि तुझे देश-सेवा करके पवित्र होने का अवसर मिला है, परन्तु हिंस्र पशु कभी एकादशी का व्रत करेगा--कभी पिशाची शांति-पाठ पढ़ेगी!

विजया--(सिर नीचा करके) अपराध हुआ।

भटार्क--फिर भी किसके साथ? जिसके ऊपर अत्याचार करके मै भी लज्जित हूँ, जिससे क्षमा-याचना करने मैं आ रहा था। नीच स्त्री!

विजया--घोर अपमान, तो बस...

(छुरी निकालकर आत्म-हत्या करती है)

स्कंद०--भटार्क! इसके शव का संस्कार करो।

भटार्क--देव! मेरी भी लीला समाप्त है।

(छुरी निकालकर अपने को मारना चाहता है, स्कंद हाथ पकड़ लेता है)

स्कंद०--तुम वीर हो, इस समय देश को वीरो की आवश्यकता है। तुम्हारा यह प्रायश्चित्त नहीं। रणभूमि में प्राण देकर जननी जन्मभूमि का उपकार करो। भटार्क! यदि कोई साथी न मिला तो साम्राज्य के लिये नहीं--जन्मभूमि के उद्धार के लिये मैं अकेला युद्ध करूँगा और तुम्हारी प्रतिज्ञा पूरी होगी, पुरगुप्त को सिंहासन देकर मैं वानप्रस्थ-आश्रम ग्रहण करूँगा। आत्म-हत्या के लिये जो अस्त्र तुमने ग्रहण किया है, उसे शत्रु के लिये सुरक्षित रक्खो।

भटार्क-- (स्कन्द के सामने घुटने टेककर) «श्री स्कन्दगुप्त विक्रमादित्य की जय हो!" जो आज्ञा होगी, वही करूँगा।

स्कन्द०-- पहिले इस शव का प्रबंध होना चाहिये (प्रस्थान)

भटार्क-- (स्वगत) इस घृणित शव का अग्नि-संस्कार करना ठीक नहीं, लाओ इसे यहीं गाड़ दूँ!

(भूमि खोदते समय एक भयानक शब्द के साथ रत्नगृह का प्रकट होना और भटार्क का प्रसन्न होकर पुकारना; स्कन्दगुप्त का आकर रत्नगृह देखना)

स्कन्द०-- भटार्क! यह तुम्हारा है।

भटार्क-- हाँ सम्राट्! यह हमारा है, इसीलिये देश का है। आज से मैं सेना-संकलन में लगूँगा।

स्कन्द°-- वह दूर पर बड़ी भीड़ हो रही है स्तूप के पास। भटार्क-- नागरिकों का उत्सव है। (रत्नगृह बन्द करके) चलिये, देखूँ। (स्तूप का एक भाग--नागरिकों का आना। उन्हीं में वेश बदले हुए मातृगुप्त, भीमवर्म्मा, चक्रपालित, शर्वनाग, कमला, रामा इत्यादि। दूसरी ओर से वृद्ध पर्णदत्त का हाथ पकड़े हुए देवसेना का प्रवेश)

१–नागरिक--अरे वह छोकरी आ गई, इससे कुछ सुना जाय।

२. नागरिक--हाँ रे छोकरी! कुछ गा तो।

पर्ण०--भीख दो बाबा! देश के बच्चे भूखे है, नंगे है, असहाय है; कुछ दो बाबा!

१--अरे गाने भी दे बूढ़े!

पर्ण०--हाय रे अभागे देश!

(देवसेना गाती है)

देश की दुर्दशा निहारोगे
डूबते को कभी उबारोगे
हारते ही रहे, न है कुछ अब
दाँव पर आपको न हारोगे
कुछ करोगे कि बस सदा रोकर
दीन हो दैव को पुकारोगे
सो रहे तुम, न भाग्य होता है
आप बिगड़ी तुम्हीं सँवारोगे
दीन जीवन बिता रहे अब तक
क्या हुए जा रहे, विचारोगे

पर्ण०--नहीं बेटी, ये निर्लज्ज कभी विचार नहीं करेंगे। चक्रपालित और भीमवर्म्मा-- आर्य पर्णदत्त की जय!

पर्ण०-- मुझे जय नहीं चाहिये-भीख चाहिये। जो दे सकता हो अपने प्राण, जो जन्मभूमि के लिये उत्सर्ग कर सकता हो जीवन, वैसे वीर चाहिये; कोई देगा भीख में?

स्कंद०-- (भीड़ में से निकलकर) मैं प्रस्तुत हूँ तात!

भटार्क-- श्री स्कंदगुप्त विक्रमादित्य को जय हो!

(नागरिकों में से बहुत-से युवक निकल पड़ते हैं)

सब-- हम हैं, हम आपकी सेवा के लिये प्रस्तुत हैं।

स्कंद०-- आर्य्य पर्णदत्त!

पर्ण०-- आओ वत्स! सम्राट्! (आलिङ्गन करता है)

[उत्साह से जनता पूजा के फूल बरसाती है। चक्रपालित, भीमवर्म्मा, मातृगुप्त, शर्वनाग, कमला, रामा, सबका प्रकट होना---जयनाद!]

[महाबोधि-विहार]

(अनन्तदेवी, पुरगुप्त, प्रख्यातकीर्त्ति, हूण-सेनापति)

अनन्त०--इसका उत्तर महाश्रमण देंगे।

हूण-सेनापति--मुझे उत्तर चाहिये, चाहे कोई दे।

प्रख्यात०--सेनापति! मुझसे सुनो। समस्त उत्तरापथ का बौद्ध संघ जो तुम्हारे उत्कोच के प्रलोभन में भूल गया था, वह अब न होगा।

हूण-सेना०--तभी बौद्ध जनता से जो सहायता हूण-सैनिकों को मिलती थी, बन्द हो गई; और उलटा तिरस्कार!

प्रख्यात०--वह भ्रम था। बौद्धों को विश्वास था कि हूण लोग सद्धर्म्म के उत्थान करने में सहायक होंगे, परन्तु ऐसे हिंसक लोगों को सद्धर्म्म कोई आश्रय नहीं देगा। (पुरगुप्त की ओर देख कर) यद्यपि संघ ऐसे अकर्म्मण्य युवक को आर्य्यसाम्राज्य के सिंहासन पर नहीं देखा चाहता, तो भी बौद्ध धर्म्माचरण करेंगे, राजनीति में भाग न लेंगे।

अनन्त०--भिक्षु! क्या कह रहे हो? समझकर कहना।

हूण-सेना०--गोपाद्रि से समाचार मिला है, स्कंदगुप्त फिर जी उठा है, और सिंधु के इस पार के हूण उसके घेरे में है; संभवतः शीघ्र ही अन्तिम युद्ध होगा। तब तक के लिये संघ को प्रतिज्ञा भंग न करनी चाहिये।

पुरगुप्त--क्या युद्ध! तुम लोगो को कोई दूसरी बात नहीं...

अनन्त०--चुप रहो। पुरगुप्त-- तब फिर एक पात्र। (सेवक देता है)

प्रख्यात०-- अनार्य्य! विहार में मद्यपान! निकलो यहाँ से।

अनंत-- भिक्षु! समझकर बोलो; नहीं तो मुंडित मस्तक भूमि पर लोटने लगेगा!

हूण-सेना०-- इसीकी सब प्रवञ्चना है; इसका तो मैं अवश्य ही वध करूँगा।

प्रख्यात०-- क्षणिक और अनात्मभव में किसका कौन वध करेगा मूर्ख!

हूण-सेना०-- पाखंड! मरने के लिये प्रस्तुत हो!

प्रख्यात°-- सिंहल के युवराज की प्रेरणा से हम लोग इस सत्पथ पर अग्रसर हुए है; वहाँ से नहीं लौट सकते।

(हूण-सेनापति मारना चाहता है)

कुमार धातुसेन--(सहसा प्रवेश करके) «सम्राट् स्कन्दगुप्त की जय!"

(सैनिक सवको बन्दी कर लेते हैं)

धातु०-- कुचक्रियो! अपने फल भोगने के लिये प्रस्तुत हो जाओ! भारत के भीतर की बची हुई समस्त हूण-सेना के रुधिर से यह उन्हीं की लगाई हुई ज्वाला शांत होगी।

अनंत०-- धातुसेन! यह क्या, तुम हो?

धातु०-- हाँ महादेवी! एक दिन मैंने समझाया था, तब मेरी अवहेला की गई; यह उसीका परिणाम है। (सैनिकों से) सबको शीघ्र साम्राज्य-स्कन्धावार में ले चलो।

[सबका प्रस्थान]

[रणक्षेत्र]

(सम्राट् स्कंदगुप्त, भटार्क, चक्रपालित, पर्णदत्त, मातृगुप्त, भीमवर्म्मा इत्यादि सेना के साथ परिभ्रमण करते है।)

मातृगुप्त-- वीरो!--(गान)--

हिमालय के आँगन में उसे प्रथम किरणों का दे उपहार उषा ने हँस अभिनंदन किया और पहनाया हीरक-हार जगे हम, लगे जगाने, विश्व लोक में फैला फिर आलोक व्योम-तम-पुञ्ज हुआ तब नष्ट, अखिल संस्कृति हो उठी अशोक विमल वाणी ने वीणा ली कमल-कोमल-कर में सप्रीत सप्तस्वर सप्त सिंधु में उठे, छिड़ा तब मधुर साम-संगीत बचाकर बीज-रूप से सृष्टि, नाव पर झेल प्रलय का शीत अरुण-केतन लेकर निज हाथ वरुण पथ में हम बढ़े अभीत सुना है दधीचि का वह त्याग हमारी जातीयता विकास पुरन्दर ने पवि से है लिखा अस्थि-युग का मेरे इतिहास सिंधु-सा विस्तृत और अथाह एक निर्वासित का उत्साह दे रही अभी दिखाई भभ्र मग्न रत्नाकर में वह राह धर्म्म का ले लेकर जो नाम हुआ करती बलि, कर दी बंद हम ने दिया शांति-संदेश, सुखी होते देकर आनन्द विजय केवल लोहे की नहीं, धर्म्म की रही धरा पर धूम भिक्षु होकर रहते सम्राट दया दिखलाते घर-घर घूम यवन को दिया दया का दान, चीन को मिली धर्म्म की दृष्टि मिला था स्वर्ण-भूमि को रत्न, शील की सिंहल को भी सृष्टि किसीका हमने छीना नहीं, प्रकृति का रहा पालना यहीं हमारी जन्मभूमि थी यही, कहीं से हम आये थे नहीं जातियों का उत्थान-पतन आँधियाँ, झड़ी, प्रचंड समीर खड़े देखा, झेला हँसते, प्रलय में पले हुए हम वीर चरित थे पूत, भुजा में शक्ति, नम्रता रही सदा सम्पन्न हृदय के गौरव में था गर्व, किसी को देख न सके विपन्न हमारे सञ्चय में था दान, अतिथि थे सदा हमारे देव वचन में सत्य, हृदय में तेज, प्रतिज्ञा में रहती थी टेव वही है रक्त, वही है देश, वही साहस है, वैसा ज्ञान वही है शांति, वही है शक्ति, वही हम दिव्य आर्य्य-संतान जियें तो सदा उसी के लिये, यही अभिमान रहे, यह हर्ष निछावर कर दें हम सर्वस्व, हमारा प्यारा भारतवर्ष

सब-- (समवेत स्वर से) जय! राजाधिराज स्कन्दगुप्त की जय!!

(हूण-सेना के साथ खिङ्गिल का आगमन)

खिङ्गिल-- बच गया था भाग्य से, फिर सिंह के मुख में आना चाहता है। भीषण परशु के प्रहारों से तुम्हें अपनी भूल स्मरण हो जायगी।

स्कन्द०-- यह बात करने का स्थल नहीं। (घोर युद्ध, खिङ्गिल घायल होकर बंदी होता है। सम्राट् को बचाने में वृद्ध पर्णदत्त की मृत्यु; गरुड़ध्वज की छाया में वह लिटाया जाता है।)

स्कन्द०-- धन्य वीर आर्य्य पर्णदत्त!

सब-- आर्य्य पर्णदत्त की जय! आर्य्य-साम्राज्य की जय!!

(बन्दी-वेश में पुरगुप्त और अनन्तदेवी के साथ धातुसेन का प्रवेश)

स्कंद-- मेरी सौतेली माता! इस विजय से आप सुखी होंगी। अनंत०-- क्यों लज्जित करते हो स्कंद ! तुम भी तो मेरे पुत्र हो ?

स्कंद०-- आह ! यही यदि होता मेरी विमाता ! तो देश की इतनी दुर्दशा न होती।

अनंत०-- मुझे क्षमा करो सम्राट् !

स्कंद°-- माता का हृदय सदैव क्षम्य है। तुम जिस प्रलोभन से इस दुष्कर्म में प्रवृत्त हुई हो, वही ते कैकेयी ने किया था। तुम्हारा इसमे दोष नहीं। जब तुमने आज मुझे पुत्र कहा, तो मैं भी तुम्हे माता ही समझूँगा। परंतु कुमारगुप्त के इस अग्नितेज को तुमने अपने कुत्सित कर्मों की राख से ढक दिया। पुरगुप्त !

पुरगुप्त-- देव ! अपराध हुआ। (पैर पकड़ता है)

स्कंद०-- भटार्क ! मैंने तुम्हारी प्रतिज्ञा पूरी की। लो, आज इस रणभूमि में मैं पुरगुप्त के युवराज बनाता हूँ। देखना, मेरे बाद जन्मभूमि की दुर्दशा न हो। (रक्त का टीका पुरगुप्त को लगाता है)

भटार्क-- देवव्रत ! अभी आपकी छत्रछाया में हम लोगों को बहुत-सी विजय प्राप्त करनी है; यह आप क्या कहते हैं ?

स्कन्द०-- क्षत-जर्जर शरीर अब बहुत दिन नहीं चलेगा, इसीसे मैने भावी साम्राज्य-नीति की घोषणा कर दी है। इस हूण को छोड़ दो, और कह दो कि सिंधु के इस पार के पवित्र देश में कभी आने का साहस न करे।

खिङ्गिल-- आर्य्यसम्राट् ! आपकी आज्ञा शिरोधार्य्य है।

[जाता है]

[उद्यान का एक भाग]

देवसेना-- हृदय की कोमल कल्पना ! सो जा। जीवन में जिसकी संभावना नहीं, जिसे द्वार पर आये हुए लौटा दिया था, उसके लिये पुकार मचाना क्या तेरे लिये कोई अच्छी बात है ? आज जीवन के भावी सुख, आशा और आकांक्षा–सबसे मैं बिदा लेती हूँ !

आह ! वेदना मिली विदाई
मैने भ्रम-वश जीवन-सञ्चित
मधुकरियों की भीख लुटाई

छलछल थे संध्या के श्रमकण
आँसू-से गिरते थे प्रतिक्षण
मेरी यात्रा पर लेती थी--
नीरवता अनन्त अँगड़ाई

श्रमित स्वप्न की मधुमाया में
गहन-विपिन की तरु-छाया में
पथिक उनींदी श्रुति में किसने--
यह विहाग की तान उठाई

लगी सतृष्ण दीठ थी सबकी
रही बचाये फिरती कबकी
मेरी आशा आह ! बावली
तूने खो दी सकल कमाई

चढ़कर मेरे जीवन-रथ पर
प्रलय चल रहा अपने पथ पर
मैंने निज दुर्बल पद-बल पर
उससे हारी- होड़ लगाई

लौटा लो यह अपनी थाती
मेरी करुणा हा-हा खाती
विश्व! न सँभलेगी यह मुझसे
इसने मन की लाज गँवाई

(स्कंदगुप्त का प्रवेश)

स्कंद०-- देवसेना !

देव०-- जय हो देव ! श्रीचरणों में मेरी भी कुछ प्रार्थना है।

स्कंद°-- मालवेश-कुमारी ! क्या आज्ञा है? आज बंधुवर्मा इस आनन्द को देखने के लिये नहीं हैं ! जननी जन्मभूमि के उद्धार करने की जिस वीर की दृढ़ प्रतिज्ञा थी, जिसका ऋण कभी प्रतिशोध नहीं किया जा सकता, उसी वीर बंधुवर्म्मा की भगिनी मालवेश-कुमारी देवसेना की क्या आज्ञा है ?

देवसेना-- मैं मृत भाई के स्थान पर यथाशक्ति सेवा करती रही; अब मुझे छुट्टी मिले !

स्कंद०-- देवी ! यह न कहो। जीवन के शेष दिन, कर्म्म के अवसाद में बचे हुए हम दुखी लोग, एक दूसरे का मुँह देखकर काट लेंगे। हमने अन्तर की प्रेरणा से शस्त्र द्वारा जो निष्ठरता की थी, वह इसी पृथ्वी को स्वर्ग बनाने के लिये। परन्तु इस नंदन की वसन्त-श्री, इस अमरावती की शची, इस स्वर्ग की लक्ष्मी, तुम चली जाओ-- ऐसा मैं किस मुंह से कहूँ ? (कुछ ठहरकर सोचते हुए) और किस वज्र-कठोर हृदय से तुम्हें रोकूँ ?

देवसेना ! देवसेना !! तुम जाओ। हतभाग्य स्कंदगुप्त, अकेला स्कंद, ओह !!

देवसेना-- कष्ट, हृदय की कसौटी है, तपस्या अग्नि है। सम्राट्य दि इतना भी न कर सके तो क्या ! सब क्षणिक सुखों का अंत है। जिसमें सुखों का अंत न हो, इसलिये सुख करना ही न चाहिये। मेरे इस जीवन के देवता ! और उस जीवन के प्राप्य ! क्षमा !

(घुटने टेकती है; स्कन्द उसके सिर पर हाथ रखता है।)

[यवनिका]

चित्राधार

अयोध्या का उद्धार

(महाराज रामचन्द्र के बाद कुश को कुशावती और लव को श्रावस्ती इत्यादि राज्य मिले तथा अयोध्या उजड़ गई। वाल्मीकि रामायण में किसी ऋषभ नामक राजा द्वारा उसके फिर से बसाए जाने का पता मिलता है; परन्तु महाकवि कालिदास ने अयोध्या का उद्धार कुश द्वारा होना लिखा है। उत्तर काण्ड के विषय में लोगों का अनुमान है कि वह बहुत पीछे बना। हो सकता है कि कालिदास के समय में ऋषभ द्वारा अयोध्या का उद्धार होना न प्रसिद्ध रहा हो। अस्तु, इसमें कालिदास का ही अनुसरण किया गया है।–लेखक)

"नव तमाल कल कुञ्ज सों घने
सरित-तीर अति रम्य हैं बने।
अरध रैनि महँ भीजि भावती
लसत चारु नगरी कुशावती"।।

युग याम व्यतीत यामिनी
बहुतारा किरणालि मालिनी।
निज शान्ति सुराजय थापिके
शशिकी आज बनी जु भामिनी।।

विमल विधुकला की कान्ति फैली भली है
सुललित बहुतारा हीर-हारावली है।
सरवर-जलहूं में चन्द्रमा मन्द डोलै
वर परिमल पूरो पौन कीन्हे कलोलै।।

मन मुदित मराली जै मनोहारिनी है
मदकल निज पीके संग जे चारिनी है।
तहँ कमल-विलासी हँस की पांति डोलै
द्विजकुल तरुशाखा में कबौं मन्द बोलै।

करि-करि मृदु केली वृक्ष की डालियों से
सुनि रहस कथा के गुंज को आलियों से।
लहि मुदित मरन्दै मन्द ही मन्द डोलै
यह विहरण-प्रेमी पौन कीन्हे कलोलै।।

विशद भवन माहीं रत्न दीपांकुराली
निज मधुर प्रकाशै चन्द्रमा मैं मिलाली।
बिधुकर-धवलाभा मन्दिरों की अनोखी
सरवर महँ छाया फैलि छाई सुचोखी।।

विविध चित्र बहु भांति के लगे
मणि जड़ाव चहुँ ओर जो जगे।

महल मांहि बिखरवाती विभा
मधुर गन्धमय दीप की शिखा।।

कुशराज-कुमार नींद में
सुख सोये शुचि सेज पै तहां।
बिखरे चहुँ ओर पुष्प के
सुखमा सौरभ पूर है जहां।।

मुखचन्द अमन्द सोहई
अति गंभीर सुभाव पूर है।
अधिरानहि-बीच खेलई
मृदु हाँसी सुखमा सुमूर है।।

तहँ निद्रित नैन राजहीं
नव लीला मय शील ओज हैं।
मनु इन्दहि मध्य साजहीं
युग संकोचित-से सरोज हैं।।

तहँ चारु ललाट सिंधु में
नहिं चिन्ता लहरी बिराजही।
अति मन्दहि मन्द कान में
मनुवीणा धनिसों सुबाजही।।

बढ़ि पञ्चम राम मैं जबै
सुविपञ्ची ध्वनि कान में पड़ी।
जगि के तहँ एक भामिनी
अध मूंदे दृग ते लख्यो खड़ी।।

पुतरी पुखराज की मनो
सुचि सांचे महँ ढारि के बनी।
उतरी कोउ देव-कामिनी
छवि मालिन्य विषादसों सनी।।

कर बीन लिए बजावती
रजनी में नहिं कोउ संग है।
बनिता वर-रूप-आगरी
सहजै ही सुकुमार अंग है।।

कल-कण्ठ-ध्वनि सु कोमला
मिलि वीणा-स्वर सों सुहात है।
कुश नीरव है लखै सुनै
जनु जादू सबही लखात है।।

"तुम वा कुल के कुमार हो
हरिचन्द्रादि जहां उदार से।
निज दुःख सह्यो तज्यो नहीं
सत राख्यो उर रत्न-हारसे।।"

"अनरण्य दिलीप आदि ने

जेहिको यत्न अनेक सों रच्यो।
रघुवंश-जहाज सो लखो
यहि साम्राज्य महाब्धि में बच्यो।।"

"अनराजकता तरंग में
फँसि के धारनि बे अधार है।
तेहि को सबही यही कहै
"कुश" याको वर-कर्णधार है।।"

तब वंश सुकीर्ति को सबै
अनुहास्यो उदधी वहै अजै।
निज कूलन सों बढ़ै नहीं
अरु मर्य्यादहुँ को नहीं तजै।।

"जेहि कीर्ति-कलाप-गध सों
मदमाती मलयानिलौ फिरै।
हिम शैल अधित्यकान लौं
सबको चित आनन्द सों भरै।।"

"जेहि वंश-चरित्र को लिखे
कवि वाल्मीकि अजौ सुख्यात है।
तुमही ! निज तात सामुहे
शुचि गायो वह क्यों भुलात है।।"

"जेहि राम राज्य को सदा
रहिहै या जग मांहि नाम है।
तेहि के तुमहुँ सपूत है।
चित चेतो बिगरयो न काम है।।"

"तुम छाइ रहे कुशवती
अरु सोये रघुवंश की ध्वजा।
उठि जागहु सुप्रभात है
जेहि जागे सुख सोवती प्रजा।।"

नीरव नील निशीथिनी
नोखी नारि निहारि।
विपति-विदारी वीरवर
बोले बचन बिचारि।।

"देवि! नाम निज धाम,
काम कौन ? मोते कहौ।
अरु तुम येहि आराम–
मांहि आगमन किमि कियो?"

"तुम रूप-निधान कामिनी
यह जैसी विमला सुयामिनी।
रघुवंशहि जानिहो सही
परनारी पर दीठ दैं नहीं।।"

"तुम क्यों बनी अति दीन?
क्यों मुख लखात मलीन?
निज दुःख मोहिं बताउ
कछु करहुं तासु उपाउ।।"

"जब लों करवाल धारिहैं
रघुवंशी दृढ़ चित्त मान के।
कुटिला भृकुटि न देखिहैं
सुरभि, ब्राह्मण औ तियान के।।"

शोचहु न चित्त महैं शंक नाहीं
मोचहु बिषाद निज हीय चाहि।
ईश्वर सहाय लहि है सहाय
मेंटहुँ तुम्हार दुख, करि उपाय।।"

सुनि अति सुख मानी सुन्दरी मंजु बानी
गदगद सु गिराते यों कह्यो दीन-बानी।
"तुम सुमति सुधारी ईश पीरा निवारी
अब सुनहु बिचारी है, कथा जो हमारी।।"

"सुख-समृद्धि सब भांति सो मुदा
रहत पूर नर नारी ये मुदा।
अवध-राज नगरी सुसोहती
लखत जाहि अलकाहु मोहती।।"

"इक्ष्वाकु आदिक की विमल–
कीरति दिगन्त प्रकासिता।
सो भई नगरी नाग-कुल–
आधीन और विलासिता।।

नहि सक्यौ सहि जब दुःख
तब आई अहौं लै के पता।
सो मोहिं जानहुं हे नरेन्द्र!
अवध नगर की देवता।।"

"जहँ लख्यो विपुल मतंग–
तुंग सदा झरै मदनीर को।
तहँ किमि लखै बहु बकत
व्यर्थ श्रृगालिनी के भीर को।।

जहँ हयन हेषा बिकट–
ध्वनि, शत्रु-हृदय कँपावती।
तहँ गिद्धिनी-गन है सुछन्द
विहारि कै सुख पावती।।"

जहँ करत कोकिल कलित–
कोमल-नाद अतिहि सुहावने।
सो सुनि सकत नहिंका, काकन
के कुबोल भयावने।।

जहँ कामिनी कल-किंकिनी
धुनि सुनत श्रुति सुख पावहीं।
तहँ बिकत झिल्लीरव सुनत
सुकहत नहीं कछु आवहीं।।

"कुमुद" नाम इक नाग वंश है
समुझि ताहि यह वीर अंश है।
बिगत राम जनहीन दीन है
निज अधीन करि ताहि लीन है।।

उजरी नगरी तऊ तहां।
मणि-माणिक्य अनेक हैं परे।
तेहि को अधिकार में किये
सुख भोगै सब भांति सो भरे।।

रघु, दिलीप, अज आदि नृप,
दशरथ राम उदार।
पाल्यो जाको सदय है,
तासु करहु उद्धार।।

निज पूर्वज-गन की विमल–
कीरति हूं बचि जाय।
कुमुद्वती सम सुन्दरी,
औरहु लाभ लखाय।।

सुनि, बोले वरवीर
"डरहु न नेकहु चित्त में
धरे रहौ उर धीर,
काल्हि उबारौं अवध को।।"

भोर होत ही राजसभा में
बैठे रघुकुल-राई।
प्रजा, अमात्य आदि सबही ने
दियो अनेक बधाई।।

श्रोत्रिय गनहि बुलाई, सकल–
निज राज दान कै दीन्ह्यो।
और कटक सजि, अवध नगर
के हेतु पयानो कीन्ह्यो।।

जब अवध की सीमा लख्यो
तब खड़े है सह सैन के।
अरु कुमुद पहँ पठयो तबै
निज दूत, शुचि सुख दैन कै।।

"बिनु बूझि तुम अधिकृत कियौ
यह अवधि नगरि सुहावनी।
तेहि छोड़ि कै चलि जाहु,
नतु संगर करौ लै कै अनी।।"

वह तुरत आओ सैन लै,
रन-हेतु कुश कै सामुहे।
इतहूँ सुभट सब अस्त्र लै
तहँ रोष सों सबही जुहे।।

तहँ चले तीर, नराच, भल्ल,
सुमल्ल सबही भिरि गये।
तरवारि की बहु मारि बाढ़ी
दुहूं दल के अरि गये।।

बढ़यो क्रोध करि कुश कुमार
धनु को टंकारत।
प्रबल तेज शरजाल छाड़ि
चहुं दिशि हुंकारत।।

अम्बर-अवनिहि एक कीन्ह,
शर सों सब छायो।
अरगिन भरि-भरि नीर नैन
भागे मग पायो।।

कुश-प्रभाव लखि हीन होय के,
कुमुद आप हिय माहिं जोय के।
निज निवास महँ जायके छिप्यो
तबहि दूत कुश को तहाँ दिप्यो।।

परमा रमणी कुमुद्धती
धन-रत्नादि संग लै,
कुश को मिलि तोष दीजिये
नहिं तो सैन सज़ाव जंग लै।।

यहि मैं लखि निस्तार
कुमुद चल्यो कुश सों मिलन।
विविध रत्न उपहार
लै बहु धन निज संग में।।

आयो तहँ कर जोरि,
कुमुद कुमुद्धति संग लै।
बोल्यो बचन निहोरि,
व्याहहु याको राज लै।।

सुन्दरि के दृग-बान
लखे रोष सबही गयो।
छाड़यो शर संधान
अवध माँहि तबही गयो।।

कुल लक्ष्मी परताप
लख्यो सबै सुखमय नगर।
मिट्यो सकल सन्ताप
बैठे सिंहासन तबै।।

कुश-कुमुद्वती को परिणय
सबको मन भायो।
अवध नगर सुखसाज
महा सुखमा सो छायो।।

वन-मिलन

अरुण विभा विलसित-हिम-श्रृंग मुकुटवर छाजत।
मालिनि मन्द प्रवाह सुखद-सुदुकूल विराजत।।
तरुगन राजि कतहुँ मरकत-हारावलि लाजै।
सांचहु भूधरनृपति समान हिमालय राजै।।

तेहि कटि तट महँ कण्व–महर्षि तपोवन सोहैं।
सरल कटाक्षन ते हरिनी जहँ मुनि-मन मोहै।।
सरस रसाल, कदम्ब, तमालन की सुचि पांती।
धव, अशोक, अरु देव दारु, तरुगन बहुभांती।।

नव-मल्लिका, कुंद, मालती, बकुल अरु जाती।
चम्पक अरु मन्दार केतकी की बहु पांती।।
सुमन लिये साखा सह हिलत वायु के प्रेरित।
सौरभ सुभग बगारत जासों बन है सुरभित।।

वल्कल-वसन-विभूषित अंग सुमन की माला।
कर्णिकार को कर्नफूल विसवलय विसाला।।
कुंदकली-सों कलित केश-अवली भल राजत।
चम्पक-कलिका-हार सुरुचि गल-बीच विराजत।।

सुन्दर सहज सुभाव बदन पर मुनि-मन मोहैं।
सूधी बिमल चितौन मृगन से नैन लजोहैं।।
जेहि पवित्र मुख भाव लखे सबही सुर नारी।
निज बिलोल नव-हास विलासहिं करती वारी।।

बैठी मालिनि तीर सुभगवेतसी-कुंज में।
विलसत परिमल पूर समीरन केश-पुंज में।।
युगल मनोहर बनबाला अति सुन्दर सोहैं।
"प्रियम्बदा-अनुसूया!" जाके नाम मिठोहैं।।

"री अनुसूया! देखु सामुहे चम्पक-लतिका।
भरी सुरुचि सुकुमार अंग-अंगन मों कलिका।।
मन-ही-मन कुम्हिलात खिलत बेहाल विचारी।
'प्रियम्बदा' दृग भरि बोली उसास लै भारी।।

"कोमल-किसलय माहिं कली धारति अलबेली।
कुंदन-सों रंग जासु गढ़न मन हरन नवेली।।
अपर कुसुम-कलिका सों करत फिरे रंगरेली।
याहि न पूछत कोउ मधुकर सब ही अवहेली।।"

"यामें मधुर मरन्द, पराग, सुगन्ध सबै है।
सुन्दर रूप, सुरंग, जाहि-लखि और लजै है।।
पै रूखे परिमल पै सबही नाक चढ़ावत।
जैसे सूधो भाव न सब को हिय ललचावत।।

"मातो मधकर है मधु-अंध, विवेक न राखै।
मुरि मुसुक्यान मनोहर कलियन को अभिलाखै।।
सूधी चम्पक-लता नहीं जानत रस केली।
यहि विचार कोउ मधुकर नहिं अंकहि निज मेली।।"

"इनको कुटिल स्वभाव कोऊ इनको का दोखै।
स्वारथ रत परपीर नहीं जानत किमि तोखै।।
पाई समीपहिं जाही सो वाही सों पागैं।
ये तो परम विलासी, नहिं जानत अनुरागैं।।"

"बोली 'अनुसूया' यों–अनखि-तोहिं का सूझी।
जा बिनही बातन पर, बातन माहिं अरूझी।।
तुम बनबासी कोउ दूजो–नहिं सुनिबे वारो।
बन में नाच्यो मोर कहो किन आइ निहारो?"

"बहु लतिका तरु वीरूध, जे मम बाल सनेही।
तिनको सिञ्चन करहु, अहै तुव कारज एही।।
यह अशोक को पादप जामे किसलय कोमल।
औरहु परम रसाल लखहु करुना कदम्ब भल।।"

"अहै माधवी लता मृदुल-कलिका-नव धारति।
'शकुन्तला' के विरह-अश्रु की बूंद पसारति।।
निज मृणाल-सी बाहनि सों भरि गागरि आनी।
जाको सांझ-सबेरे सींचति दै-दै पानी।।"

"ये सब सींचन हेतु अबहिं-बातें तुम करतीं।
कुसुम चूनिबो और अहै, क्यों बरसत अरतीं।।
शकुन्तला को नाम सुने दूजी यों बोली–

क्यों हक नाहक दबी आग यों कहि पुनि खोली।।

पाइ राज-सुख सखियन को निज हाय! बिसारी।
बहुत दिवस बीते, निज-खबर न दीन्हीं प्यारी।।
अहो गौतमी हू कछु कहत न रजधानी की।
मम बन-बासिनि सखी जु शकुन्तला-रानी की।।"

"नगर नागरी महरानिन के सैन अनोखे।
वह सूधी बन-बाला पिय को कैसे तोखे।।
जाने दे, बिन काज कहा बैठी बतरावत।
पाइ पिया को प्रेम सखिहिं किन पूछन आवत!

अबहिं शुकहिं आहार देइबो हैं हम वारी।
बहुत अबेर भई सु कुटीरहिं चलिये प्यारी।।"
तब कश्यप को शिष्य तहां गालव चलि आयो।

"कण्व कहां है?" पूछ्यो तिनसों अति हरषायो।।

"अग्निहोत्र-शाला में"–कहि दोनों बन-बाला।
कुसुम-पात्र लीन्हों उठाइ मालति की माला।।
लजत मराली गमन लखे, वे दोनों आली।
वल्कल-वसन समेटि चली लै कुसुल उताली।।

कोकिल सों निज स्वर मिलाइ बहु बोलत बोली।
निज आश्रम पै पहुँचीं वे सब करत ठिठोली।।
कुसुम-पात्र धरि गुरु-समीप निज सिरहि झुकाई।
वन्दन कर बैठीं वे, मनकी मनहिं दुराई।।

बोल्यो गालव करि प्रणाम ऋषिवर को कर सों–
"लै संदेस हम आये हैं अपने गुरुवर सों।।
महाराज दुष्यन्त सहित निजसुत प्रियवर के।।
शकुन्तला-संग मिले, शाप छूट्यो मुनिवर के।।

"बहु ब्रत धारि अनेक कष्ट सहि पुनि सुख पायो।
सुखद पुत्र मुख चन्द्र देखि अति हिय हरषायो।।
दलित कुसुम अपमानित-हिय, बाला बेचारी।
श.कुन्तला निज पति-सुख पायो पुनि सुकुमारी।।

गद्गद कण्ठ, सिथिल-बानी पति ही सुखसानी।
बोले कण्व-महर्षि अनूपम, अविकल ज्ञानी।
"सबही दिन नहिं रहत दुःख संसार मँझारी।
कहुं दिन की है जोति कहूँ है चन्द्र उजारी।।"

प्रियम्बदा अनुसूया हूँ अति ही हिय हरषा।
आनन्दित है सुखद अश्रु निज आँखिन बरषी।।
पायो जब संवाद मनोहर निज अभिलाषित।
भयो प्रफुल्लित तबहिं वहै, तप-वन चिर-तापित।।

"हेमकूट ते उतरि मरीची के आश्रम सों।
आवत हैं दुष्यन्त-सहित निजी श्री अनुपम सों।"
मातलि आय कह्यो ज्यों ही, सब ही हिय हुलसे।
तहं आनन्दमय ध्वनि उठी तबहीं ऋषिकुल से।

शकुन्तला दुष्यन्त, बीच में भरत सुहावत।
धर्म, शांति, आनन्द, मनहुं साथहिं चलि आवत।।
देखत ही अकुलाय उठीं, तुरतहिं बन-बाला।
प्रियम्बदा, अनुसूया, बिकसी ज्यों मृदु माला।।

भाट सखी-गन सों, तबही वह रोवन लागी।
हर्ष-विषाद असीम, आनन्दित है पुनि पागी।
शकुन्तला निज बाल-सखी गल सों कहुँ लागे।
बढ़यो अधिक आवेग माहिं, नहिं गल भुज त्यागै।।

करुण, प्रेम प्रवाह बढ़यो, वा शुद्ध तपोवन।
बरसन लग्यो मनोहर मंजुल मुंद आनंद-घन।।

श्रद्धा, भक्ति, सरलता, सब ही जुरी एक छन।
चित्र-लिखे -से चुप है देखत खड़े एक मन।।

कछुक बेर पर कण्व-चरण पर निज सिर नाई।
करि प्रणाम कर जोरि, खड़े भै बिधुकुल-राई।।
कुशल पूछ पुनि कण्व, दियो आशीष अनुपम।
भरतहुँ पुनि कीन्ह्यो प्रणाम, लहि मोद महातम।।

शकुन्तला सों पालित तब, वह मृग तहं आयो।
सिर हिलाई अरु चरण-चूमि आनन्द जनायो।।
माधवि लता मनोहर की निज करते मरस्यो।।
वह तप-वन तब अधिक-मनोरम है सुचि दरस्यो।।

यज्ञ-भूमि को करि प्रणाम, आनन्द समैठे।
पूर्व मिलन के कुञ्ज मांहि, कछु छन सब बैठे।।
शकुन्तला, दुष्यन्त, भरत, मालिनी के तीरन।
बन-बासिनि वाला-युग के संग लागी बिहरन।।

प्रियम्बदा मुख चूमि भरत को लेत अंक में।
शकुन्तला अनुसूया संग बिहरत निशंक में।।
निजी बीते दिवसन की सुमधुर कथा सुनावत।
चुप है के दुष्यन्त सुनत, अति ही सुख पावत।

सरल-स्वभाव बन-बासिनि, वे सब बरबाला।
कथानुकूल सुधारत भाव–अनेक रसाला।।
पति सों बिछुरन-मिलन समय की कहि बहु बातें।
चिर दुखिया आनन्दित है सब मोद मनाते।।

प्रियम्बदा तब दुष्यन्तहिं दीन्हों उराहनो।
अहो परम धार्मिक, तेरी है बहु सराहनो।।
शकुन्तला को शाप हेतु विस्मृत तुम कीन्हों।
याही वन हम रहीं, खोज हमरी हू लीन्हों?

"अहो होत है अधिक निठुर –नर सब, नारी सों।
जों लौं मुख सामुहे अहैं तौ लौ प्यारी सों।
नहिं तो कौन कहां, को, कैसो, कासों नाते।
बहु दिन पै जो मिलै–तबौ पूछी नहिं बाते।।"

अनुसूया हंसि बोली–ये तो अति सूधे हैं।
इनको यहै स्वभाव कहा यामे तू पैहैं।।
शकुन्तला मुसक्याई कह्यो–"जाने दे सखियो।।
इनके सब बातन को अपने हिय में रखियो।।

अब यह मेरी एक विनय धरि ध्यान सुनै तू।
इनके विमल, चरित्रन को नहिं नेक गुनै तू।।
जामें फिर निहं बिछुरैं, सब यह ही मति ठानो।
सदन हमारे संग चलो अति ही सुख माने।।"

यज्ञ-प्रज्ज्वलित बन्हि, लखे सब ही प्रणाम किय।

कण्व-महर्षि आनन्दित को अभिवन्दन हूं किय।।
शकुन्तला कर जोरि पिता सों हिय सकुचाती।
कह्यो-"विनय करिबो-कुछ है पै नहिं कहि आती।।"

बोले कण्व –"कहो, जो कछु तुमको कहनो है।"
शकुन्तला ने कह्यो–"सखी-संग मोहिं रहनो है।।
इन सखियन के बिना अहो हम अति दुख पायो।"
कण्व "अस्तु" कहि सबको अति आनन्द बढ़ायो।।

कञ्चन कंकन किंकिनि को कलनाद सुनावत।
नन्दन-कानन-कुसुमदाम सौरभ सौ छावत।।
निज अमन्द सुचिचन्द–बदन सोभा दिखरावत।
जगमगात जाहिरहि जवाहिर को चमकावत।।

निज अनूप अति ओपदार आभा दिखरावत।
चञ्चल चीनांशुक अञ्चल को चलत उड़ावत।।
केश कदम्बन कलित कुसुम-कलिका बिखरावत।
मञ्ज मेनका को देख्यो सब उतरत आवत।।

यथा उचित अभिवंदन सब ही कियो परस्पर।
शकुन्तला माता सों लपटी अतिहि प्रेम भर।।
भरत-चन्द्रमुख चूमि भइ वह हिय सों हरषित।
प्रियम्बदा-अनुसूया सिरा कीन्हों कर परसित।।

कण्व दियो आसीन जाहु सब सुख सों रहियो।
जीवन के सब लाभ प्रेम परिपूरित लहियो।।
चिर बिछुरे सब मिले हिये आनन्द बढ़ावन।
मालिनी-तरल-तरंग लगी मंगल को गावन।।

प्रेम-राज्य (पूर्वार्द्ध)

बाल विभाकर सोहत, अरुण किरण अवली सों।
कृष्णा क्रीड़त निजनव, तरलित जल लहरीसों।।
मलयजघीर पवन-बन–उपवन महँ सञ्चरहीं।
कोकिल कुल कलनाद करत अति मधुर विहरहीं।।

टालीकोट सुयुद्धभूमि में प्रवलदुहूं दल।
सूर्यकेतु महाराज, विजयनगरेश महाबल।।
प्रतिपक्षी बहु यवन राज, मिलि सैन सजायो।
बीरकर्म अरु कादरता, को दृश्य दिखायो।।

सिंहद्वार पर खड़े नरेश लखैं सेना को।
बांधवराजे यूथप सँगघेरैं बहुनाको।।
सेनापति सह सैन्य, युद्धभूमिहि चल दीन्हो।
पांच वर्ष को बालक इक आगमन सुकीन्हो।।

चन्द्रोज्ज्वल मुख मधुर, विमल हाँसी को धारत।
सहज सलोने अंग, मनोहर ताहि सँवारत।।
तब नरेश निज सुतके मुख सुख में अति पागे।
हिये लाइ आनन्द सहित, मुख चूमन लागे।।

कह्यो "प्रिया को विरह, तुमहिलखि सबहि बिसारी।
किन्तु वत्स यह वीरकर्म, कुलप्रथा हमारी।।
सो अब तुमहि त्राण की आशा हिय महुँ धारौ।
काहि समर्पहूं तुमहिं चित्त नहिं कुछ निरधारौ।।"

आयो तहं इक भील–युथपति दुहुँ करजोरे।
चरनन पै सिरनाइ, कह्यो अति वचन निहोरे–
"महाराज ! यह राजकुंवर हमको दै देहू।
राखैंगे प्रानन प्यारे को सहित सनेहू।।

अनुज एक सह भील, सैन्य आज्ञा पालन को।
आपहिं की सेवा में है सेना चालन को।।
हिम गिरि कटि महँ, इनको लै हमहुँ चलि जैहैं।
शत्रु न कोऊ इनको, खोजनते कहुँ पैहैं।।

जब हम सुनिहैं विजय आपकी तो पुनि ऐहैं।
कीन्हैं नेक बिलम्ब न यामें कछु फल है हैं।।
"अस्तु" कह्यो पुनि शिरहि सूंघि आलिंगन कीन्हों।।
बालक को मुख चूमि, तुरत भीलहि दै दीन्हों।।

"दादा" कहि अकुलाइ उठ्यो तबहिं वह बालक।
नैनन मों भरि नीर कह्यो नरगन के पालक।।
"दादा" ये ही हैं तुम्हरे, इन्हीं को कहियो।
मेरे जीवन प्रान, सदा ही सुखसे रहियो।"

यों कहि के मुख फेरि, अश्व पै निज चढ़ि लीन्हों।
खींचि म्यान ते खड्ग युद्ध सन्मुख चलि दीन्हों।।
आवतही नरनाह, देखि सब छत्री सेना।
अति उमगित भइ अंग आनन्द अटैना।।

वीर वृद्ध महाराज, बदन पर हाँसी रेखा।
सब को हिय उत्साहित कीन्हों सब ही देखा।
जयतु जयतु महाराज, कह्यो तब सबही फौजैं।
जलधि बीर रस में, ज्यों उमड़ि उठी बहु मौजैं।।

फरकि उठे भुजदण्ड, वीर रससों उमगाहे।
चमकि उठीं तरवार, वर्म्म अरु चर्म सनाहें।।
सैना करि द्वै भाग, एक सैनप को सौंप्यो।
अरु एकहि लै आप, अकेले रनको रोप्यो।।

तब हर हर कहि कीन्हो धावा शत्रुन ऊपर।
गरुड़ करत जिमि धावा, पन्नग प्रबल चमू पर।।
भिड़े वीर ढुहुँ ओर चली, कारी तलवारैं।
एक वीर सिर हेतु, अप्सरा तन मन वारैं।।

दाबि लियो क्षत्रीन, यवन के सब सेना को।
भागन को नहिं राह, घेरि लीन्हों सब नाको।।
विकल कियो तरवार मारसों व्यथित भये सब।
भागे यवन अनेक, लखै जहँही अवसर जब।।

है रणमत्त परे तबही सब पीछे छत्री।।
तुरतहिं मारै ताहि, जबहि देखैं कोउ अत्री।।
करि कादरता कछुक, यवन जे रन सों भागे।
तेऊ मिलि तब लीन्हों, घेरि बीर-पथ त्यागे।।

उन क्षत्रिन संग महाराज, तिनमहं घिरि गयऊ।
सेनापति तहं तिनहि, छुड़ावन को नहिं अयऊ।।
अहो! लोभ बस करत, काज कैसे नर नारी।।
करत आत्म-मर्यादा, धर्म्म सबहि को वारी।।

राखत कछुक विचार नहीं यह पुन्य पाप सों।
निज तृष्णा को सींचत, नर नित आस"भाप" सों।।
नित्य करत जो पालन, तासों करत महाछल।
बहु विधि करत उपाय, बढ़ावन को अपनो बल।।

चाहत जासों जौन, करावत है यह तासों।
याको काउ जीतत नहिं हारे सब यासों।।
करिके बीर कर्म्म अरु लरिके निज अरगिन सों।
राखि स्वधर्म महान, टर्यो नहिं अपने पन सों।।

मारि म्लेच्छतम करि, अनूप बहु बीर काम को।
सूर्यकितू तब गये, सुखद निज अस्तधाम को।।
विश्वम्भर के शांत अंक महं आश्रय लीन्हों।
आशुतोष तब आशु-शान्ति अभिनव तेहि दीन्हों।।

"भारतभूमि धन्य तुम, अनुपम खान।
भये जहां बहु रतन, अतुल महान।।
भये नृपति जहं इक्ष्वाकु बलवान।
जहां प्रियव्रत जनमे, विदित जहान।।

भये नृपति सिरमौर जाह दुष्यंत।
जन्म लियो जहं भरत सुकीर्त्ति अनन्त।।
जम्बूद्वीपहिं बांट्यो करि नवखण्ड।
निज नामते बसायो, भारतखण्ड।।

जिनके रथ सहसारथि, नभलौं जाहिं।
जिनके भुजबल-सागर को नहिं थाहि।।
जिनके शरण लहे, निर्विघ्न सुरेश।
अमरावती विराजहिं, चारु हमेश।।

जिनके प्रत्यञ्चा की, सुनि टनकार।
अरिशिर मुकुटमणिन को सहै न भार।।
भये भीष्म रणभीष्म, हरण अरिदर्प।
जामदग्निते रच्यो समर करि दर्प।।

जिनकी देव प्रतिज्ञा की सुख्याति।
गाइगाइ नहिं वाणी अजहुं अघाति।।
विजय भये जिन भये पराजय नाहिं।
जिनके भुजबल ते, प्रसन्न है चाहि।।

दियो पाशुपत व्योमकेश त्रिपुरारि।
कियो दिग्विजय डारयो शत्रुन मारि।।
जिनके क्रोध अनल महँ, स्तुवा नराच।
आहुति अक्षौहिणी, भई सुनु सांच।।

वसुन्धरे तव रक्त–पिपासा धन्य।
मरी जहां चतुरंगिनि सैन अगन्य।।"

करि कुकर्म्म यह जब वह, क्षत्री-कुल-कलंक-अति।
सेनापति यवन के, सैनप पहं निशंक मति।।
गयो लेन निज पुरस्कार, तब सब उठि धाये।
मातृ-भूमि-द्रोही कहि, अति उपहास बनाये॥

तब अति क्षुब्ध चित्त, गृहको वह लौटन लाग्यो।
देख्यो गृह के द्वार, एक बाला मन पाग्यो॥
गृह में देख्यो नहिं कोउ अति कुण्ठित भो हिय।
ललिता को लीन्हो उठाइ, अरु मुख चुम्बन किय॥

रोइ कहन लागी बाला, तब अति दुख सानी।

"छाड़ि मोंहि जननी हू, गई कहाँ नहिं जानी॥"
पुनि लखि बाला कर मह, पत्र एक अति आकुल।
लीन्हों ताहि पढ़न को, तब वह सैनप व्याकुल॥

पढ्यो ताहि "नहिं अहौ-अहौ तुम पती हमारे।
तुम्हरे सन्मुख महाराज, किमि स्वर्ग सिधारे॥
तुम आशा भय बाला को, लीन्हे हिय पोखौ।
तुमहि क्षमा हित स्वर्ग-मॉहि महराजहिं तोखौ॥"

वह निराश निज हृदय, लिये तबही कुलघालक।
कीन्हों उत्तर गमन, तबै सेना को पालक॥
कृष्ण की नव तरल बीचि, अति कृष्णा लागै।
अरु वह मलयजपवन नाहिं बहि हिय अनुरागै॥

....
....

Lector House believes that a society develops through a two-fold approach of continuous learning and adaptation, which is derived from the study of classic literary works spread across the historic timeline of literature records. Therefore, we aim at reviving, repairing and redeveloping all those inaccessible or damaged but historically as well as culturally important literature across subjects so that the future generations may have an opportunity to study and learn from past works to embark upon a journey of creating a better future.

This book is a result of an effort made by Lector House towards making a contribution to the preservation and repair of original ancient works which might hold historical significance to the approach of continuous learning across subjects.

HAPPY READING & LEARNING!

LECTOR HOUSE LLP
E-MAIL: lectorpublishing@gmail.com